Perfekt kuratierte Social-Media-Feeds, bearbeitete Werbe-fotos und Produktivitäts-Apps – überall wimmelt es von offenen und versteckten Aufforderungen, uns selbst zu optimieren. Aber macht das alles glücklich? Vielleicht sorgt dieser Optimierungswahn nur dafür, dass wir brav weiterarbeiten und keine Zeit haben, darüber nachzuden-ken, dass das eigentliche Problem eine Gesellschaft mit unrealistischen Erwartungen und viel zu hohen Ansprü-chen ist.

Mit unterhaltsamen Ausflügen in Pop-Kultur und Philo-sophie zeigt Marian Donner eindringlich, was in unserer Leistungsgesellschaft falsch läuft, und macht uns Mut, uns dem Perfektionsdruck zu widersetzen, gegen den Strom zu schwimmen und nach unseren eigenen Regeln zu spielen.

MARIAN DONNER hat nach ihrem Psychologie-Studium in der Politik gearbeitet und später für eine NGO. Inzwi-schen schreibt sie für verschiedene niederländische Zei-tungen und Magazine und lebt mit ihrem Mann und ih-rem Sohn in Amsterdam.

MARIAN DONNER

Das kleine Buch der Selbst verwüstung

Warum wir *mehr* stinken | trinken
bluten | brennen und tanzen sollten

Aus dem Niederländischen
von Sabine Reinhardus

Ullstein

Besuchen Sie uns im Internet:
www.ullstein.de

Deutsche Erstausgabe im Ullstein Taschenbuch
1. Auflage Oktober 2020
© 2019 by Marian Donner
© für die deutsche Ausgabe by Ullstein Buchverlage
GmbH, Berlin 2020
Die niederländische Originalausgabe erschien 2019 unter
dem Titel *Zelfverwoestings-boek* bei Das Mag Uitgeverij B.V.,
Amsterdam
Umschlaggestaltung: zero-media.net, München
Titelabbildung: © FinePic®, München (Blitze)
Gesetzt aus der Quadraat Pro powered by pepyrus.com
Druck und Bindearbeiten: GGP Media GmbH, Pößneck
ISBN 978-3-548-06374-4

Inhalt

Sei der Schlüssel,
der nicht passt
Teil 1

Sie sagten, ich sei verrückt, und ich sagte, sie seien verrückt,
und verdammt noch mal, sie haben mich überstimmt.

–

Der Autor Nathaniel Lee, kurz, nachdem man ihn
1684 in ein Irrenhaus gebracht hatte.

Here's to the crazy ones ... mit diesen Worten fängt die ikonische Werbekampagne von Apple aus dem Jahr 1997 an – *Think Different. An alle, die anders denken ...*

Bis zu diesem Zeitpunkt hatte sich Werbung auf das Produkt selbst konzentriert und auf die Gefühle, die es beim Käufer wecken sollte. Shampoo, Sonnenbrille oder Jeans machten dich begehrenswerter, aufregender und dein Leben insgesamt besser. In *Think Different* blieb das Produkt hingegen außen vor. Die Reklame war ein persönlicher Aufruf. Ein Aufruf, sich selbst zu übertreffen. Sei wie die Verrückten, die Außenseiter, die Rebellen und Unruhestifter, erklärte uns die getragene Stimme von Steve Jobs, »Sei der Schlüssel, der nicht passt«. Lass dich inspirieren von Einstein, Picasso, Gandhi und Martin Luther King. Sie »beugen sich keinen Regeln«, aber »die, die verrückt genug sind zu denken, sie könnten die Welt verändern, sind die, die es tun.«

Danach konnte man sich vor ähnlichen Werbefeldzügen nicht mehr retten. *Just do it!*, von Nike. *Impossible is Nothing*, von Adidas. *Go Forth* von Levi's, und im Off war das wunderbare Gedicht von Charles Bukowski zu hören: »Das lachende Herz.« »Dein Leben ist dein Leben, lass es nicht in klamme Unterwerfung prügeln.«

Oder die *Dream Crazy*-Kampagne von Nike und der Nachfolger *Dream Crazier*: »Wenn sie dich verrückt nennen wollen, in Ordnung. Zeig ihnen, wozu Verrückte in der Lage sind.«

Spiel dein eigenes Spiel und ignoriere den Status quo. Die Botschaft ist also *inspirierend. Motivierend.* Und sie macht dich *stark.*

Die Firma Gillette verspricht nicht mehr, dass ihre Rasiermesser das Beste für den Mann sind (*The Best a Man Can Get*), sondern dass sie ihn selbst zu einem besseren Menschen machen: Das Beste, was ein Mann sein kann (*The Best Men Can Be*). Die neue Generation von Werbung ruft uns zur Selbstbefreiung auf. Negativität, Zweifel, Unsicherheit – weg damit. Weg mit allem, was dich davon abhält, dich selbst zu übertreffen. Denn du hast das Potenzial für ein besseres Leben und eine bessere Welt. Erfolg, Glück, alles ist wählbar. Also entscheide dich auch dafür.

Und da sitzt du nun zu Hause, auf dem Sofa in deiner überteuerten Wohnung. Dein Job ist beschissen und das Burn-out nur noch eine Frage der Zeit. Du fühlst dich wie ein Verlierer und denkst, es ginge nur dir so. Seit Kurzem nimmst du sogar Ritalin.

So sieht die Realität heute aus. Und die Verrückten aus der Apple-Reklame? Die heißen jetzt »verunsicherte Männer«. Außenseiter sind Loser. Rebellen kaufen sich ein T-Shirt mit The Clash-Aufdruck bei H&M. Kein Chef wünscht sich noch Mitarbeiter, die »sich keinen Regeln beugen«. Und wer sich wie ein Schlüssel fühlt, der nirgendwo passt, greift schleunigst zum Selbsthilfebuch. Sieben Schritte zum Erfolg, zehn Schritte zum Glück, hundert Dinge, die man unbedingt noch tun sollte, Tausende, auf die man verzichten kann. Damit du dich trotz allem noch irgendwie in dieses Schlüsselloch reinzwängen kannst. Denn genau das liefern die Selbsthilfebücher, TED-Talks, Lesungen, Kurse und Berater: Regeln. Regeln, damit du besser funktionierst und dich dem Status quo besser anpasst. Dazugehören. Mitmachen. Darum geht es.

Sei positiv, hab Selbstvertrauen, räum deine Wohnung auf, mach morgens dein Bett, raus aus der Komfortzone, übe feste Gewohnheiten ein, setze Prioritäten, kenn deine Stärken, arbeite an deinen Schwächen, hör auf die anderen, befolge keinen schlechten Rat, sei dankbar. Und lächele. Aber ein echtes Lächeln, eines, das man auch in deinen Augen sieht. Eines, das den Stress reduziert. Gesunder Geist, gesunder Körper, mach Yoga, sei achtsam, beherrsche deine Wut und deine Ängste, mach einen

Plan, und halt dich dran, denn du hast es drauf, *yes you can*, überwinde dich selbst, verbreite Freude, gib nichts drauf, und denk anders!

Alles ist total *inspirierend*, genau wie in der Werbung. Oder *motivierend*. Oder es macht dich *stark*. Und das Problem liegt immer nur bei dir. *Think Different. Dream Crazy. Impossible is Nothing.* Die Ansage ist: Nur du selbst kannst dich aufhalten. Vergiss die Produkte oder wie sie hergestellt werden, vergiss deine Umwelt und die politischen und sozioökonomischen Strukturen. Glaub stattdessen an den neoliberalen Traum, in dem niemand anders als du selbst, ja, du allein, das Heft in der Hand hält. Du musst einfach nur auf der Höhe deines Könnens mitspielen. Selbst wenn du mal zu Boden gehst: *Believe in something, even if it means sacrifying everything (»Glaube an etwas. Selbst wenn du alles dafür opfern musst«).*

Das Politische wird zum Persönlichen. Probleme werden auf den Einzelnen abgeschoben. Protest wird vereinnahmt. So langsam hältst du dich selbst für das eigentliche Problem. Du fängst an zu glauben, dass es nur an dir liegt, wenn du noch immer nicht glücklich bist oder erfolgreich, sondern dich völlig ausgebrannt fühlst. Irgendwie kindisch – auch Kinder geben sich ständig selbst an allem die Schuld, etwa, wenn ihre Eltern sich scheiden lassen oder sie in der Schule gemobbt werden. Trotzdem hast du diese Botschaft gehorsam verinnerlicht. Du hast dir eine Meditations-App angeschafft, ein Armband, das deine Schritte zählt, eine App, die deinen Schlaf misst; du versuchst, nicht immer nur negativ zu denken und stattdessen positiv zu sein. Die verdrossenen Mienen im Supermarkt beachtest du nicht mehr. Wenn dein Chef dich mies behandelt, sagst du dir, dass er es bestimmt auch nicht leicht hat. Und du führst ein Dankbarkeitstagebuch.

Das ist keine Selbsthilfe, nein, du nennst es Selbstfürsorge. Du tust es aus Liebe zu dir selbst, und weil du das Gefühl hast, dass alles besser sein könnte, dass es da noch mehr geben muss. Aber letztlich bietet dir die Selbsthilfeindustrie bloß einen Haufen Tricks an, Puffer und Life-Hacks, damit du länger durchhältst. Damit du das Spiel besser mitspielst und vergisst, wie unbegreiflich diese Welt doch eigentlich ist. In erster Linie bringt man dir bei, deine Wut und deine Ängste gelassen hinzunehmen und das eigentlich Unerträgliche zu ertragen.

»Es ist kein Zeichen geistiger Gesundheit, gut angepasst an eine zutiefst kranke Gesellschaft zu sein,« schrieb der indische Philosoph Krishnamurti.

Laut der Weltgesundheitsorganisation (WHO) haben innerhalb der vergangenen 30 Jahre Depressionen und Angsterkrankungen um mehr als 40 Prozent zugenommen. Depression ist die globale Volkskrankheit Nummer eins. Der Arzneimittelkonsum steigt. Aber was wir dringend brauchen, sind weder Pillen noch Yoga, noch Dankbarkeitstagebücher, sondern die Erkenntnis, dass wir selbst nicht das eigentliche Problem sind. Wenn man sich nirgendwo auf der Welt zu Hause fühle, sagte Virginia Woolf einmal, solle man sich nicht fragen, was mit einem selbst nicht stimme, sondern was mit den anderen nicht in Ordnung sei.

Zu Virginia Woolfs Zeit hatten Frauen nur in Begleitung eines Mannes Zugang zu Bibliotheken. Anders ausgedrückt: Virginia Woolf konnte nicht allein dorthin und sich die Bücher ansehen, die sie selbst geschrieben hatte. Was macht man in so einer Situation?

Du kannst dich als Mann verkleiden und heimlich in die Bibliothek schleichen. Tausende, wenn nicht Hunderttausende Frauen haben das in der Vergangenheit getan, um trotz allem am Ball zu bleiben. Moderner wäre die Variante, dich hineinzukämpfen und die Ausnahme zu sein, indem du denkst und dich verhältst wie ein Mann.

»Leg dich ins Zeug«, sagt Sheryl Sandberg. »Nette Mädels kriegen nie das Eckbüro«, so Lois P. Frankel.

Aber man könnte sich auch sagen: Scheiß drauf.

Wenn die Welt dir weismachen will, dass du nicht

gut genug bist, nicht gesund, faltenfrei, fit, produktiv, positiv oder Zen genug, solltest du dich allmählich fragen, was zum Donnerwetter eigentlich mit der Welt nicht stimmt.

So war der Satz »Sei der Schlüssel, der nicht passt« ursprünglich ja auch gemeint. Er stammt übrigens nicht von Apple, sondern ist ein Zitat aus dem dystopischen Roman *Schöne neue Welt* (aus dem Jahr 1932) von Aldous Huxley. Und der wollte etwas völlig anderes damit sagen als Apple.

In *Schöne neue Welt* ist es der Menschheit endlich gelungen, fortwährend glücklich zu sein. Schmerz und Leid sind verbannt, Langeweile, Verzweiflung und Einsamkeit gibt es nicht mehr, ebenso wenig wie Angst vor dem Tod oder die Qual der Wahl. Im Grunde fänden das heute viele gar nicht schlecht.

Um dieses Ziel zu erreichen, werden in Huxleys Universum Föten in künstlichen Gebärmüttern genetisch manipuliert. Sobald die Babys geboren sind, werden ihnen mittels »neopawlowscher Konditionierung« die richtigen moralischen Werte antrainiert. Als Erwachsene durchlaufen sie einen vorab festgelegten Berufsweg, für den sie gezüchtet wurden. Und die Gesellschaft wird durch die Droge Soma (»Ein Gramm versuchen ist besser als fluchen!«) zwangsbefriedet.

Diese schöne neue Welt besteht aus Arbeit und

Vergnügen, einem friedlichen, ausgeglichenen Leben ohne Vergangenheit oder Zukunft, der Mensch lebt im Hier und Jetzt, in der »stillen Erfüllung der Ekstase«. Und damit sind alle glücklich. Alle, bis auf den lästigen miesepetrigen Bernard Marx, der Außenseiter mit dem Fehler im Programm.

Als Bernard sich mit Lenina Crowne trifft, fragt er sie, ob sie nicht mehr sein möchte als eine konditionierte Sklavin.

»Möchtest du nicht frei sein, Lenina?«

»Ich verstehe das nicht. Ich bin doch frei. Es steht mir frei, mich herrlich zu unterhalten.«

Aber Bernard träumt von einer anderen Freiheit. Nämlich der Freiheit, ein zielloses und unglückliches Leben zu führen. Der Freiheit, nutzlos, langweilig und schlecht gelaunt zu sein. Bernard wünscht sich das Recht, ein Schlüssel zu sein, der nicht passt.

Stell dir vor, Apple hätte sich an diese ursprüngliche Bedeutung gehalten. Was für eine Wahnsinnskampagne! Keine Fotos von Einstein, Picasso, Gandhi oder King, sondern die Aufnahme eines kleinen Jungen, der im Kinderchor steht und kreischt. Oder eines kleinen Mädchens, das einen Wutanfall hat. Eine Frau in einem Café, die mit niemandem reden will. Ein Mann, allein zu Hause, der seinen Fernsehbildschirm anbrüllt. Die Bilder unsichtbarer Außenseiter, von Menschen, die nichts beitragen und nur stören, etwa ein Weltbild, in dem sich alles ausschließlich um Produktivität, Glück und Erfolg dreht.

Dafür macht dieses Manifest in gewisser Hinsicht Werbung – und es ist auf jeden Fall das absolute Gegenteil einer Selbsthilfelektüre.

Denn nicht wir sind das Problem, sondern die Welt um uns herum.

Eine Welt, in der es ausschließlich um *mehr* und *besser* geht, in der nichts je gut genug ist, in der man immer *noch* produktiver sein, noch mehr konsumieren könnte, und zwar am liebsten mit einem strahlenden Lächeln. Zugleich nehmen die soziale Unsicherheit und die Ungleichheit in dieser Welt ständig zu, Sicherheitsnetze verschwinden, und es gibt viel zu viele Menschen mit chronischem Zeitmangel.

Frag dich in so einer Welt also nicht, wie du dich selbst verbessern kannst. Die richtige Frage lautet stattdessen, wie du ein System, das uns alle runterzieht, grundlegend untergraben kannst.

Untergrabe das Streben nach körperlicher Vollkommenheit, das dieses System beherrscht – STINKE.

Untergrabe das Streben nach Produktivität – TRINKE.

Untergrabe die Aufforderung zur Selbstfürsorge – BLUTE.

Und den Aufruf zu schrankenlosem Egoismus –
BRENNE.

Und schließlich, untergrabe die Geradlinigkeit
der Technologie – TANZE.

»Sei wachsam«, sagt Bukowski in »Das Lachende
Herz«. »Da sind Auswege.«

Erwarte nicht, dass du dadurch zu einem gesünderen, erfolgreicheren oder besseren Menschen
wirst. Denn hier geht's nicht um dich. Es geht
darum, die Welt zu verändern. Oder wie es in der
Nike-Kampagne heißt: Zeig ihnen, was Verrückte
draufhaben. *Show them what crazy can do.*

{ STINKE }

Wenn menschliche Geschöpfe etwas qua
Geburtsrecht besitzen, dann ist es der Überfluss
des Körperlichen, der Überfluss an Schmutz,
Sex und Erhabenheit.
Nur wenn wir uns diesen Überfluss zu eigen machen,
können wir uns selbst befreien.

–

Laurie Penny, *Fleischmarkt*

Alles beginnt und endet mit dem Körper. Mit Knochen, Muskeln und einem schlagenden Herzen. Wir sind unser strömendes Blut, der sprechende Mund, die tastenden Finger, die berührte Haut. Dadurch, wie wir unseren Körper kleiden und ihn schmücken oder wie und wohin wir ihn bewegen, zeigen wir den anderen, wer wir sind und was wir denken. Unser Körper ist verletzlich. Und doch kann er zugleich auch eine Waffe sein.

...

In den nächsten Jahren soll es so weit sein: Endlich kommt der neue *Indiana Jones* in die Kinos. Es ist der fünfte Teil der Filmreihe. Der erste kam 1981 heraus, der vierte 2008. Wieder soll Harrison Ford die Hauptrolle spielen, obwohl er mittlerweile auf die Achtzig zugeht.

Einige Fans fühlen sich vor den Kopf gestoßen. Sie wollen einen jüngeren Indy und keinen bald achtzigjährigen Greis. Aber Regisseur Steven Spielberg glättet die Wogen: Keine Sorge, lässt er verlauten, Harrison Ford ist nach wie vor in Top-Form.

Stimmt. Abgesehen von Russell Crowe sorgen alle Hollywoodstars dafür, dass ihr Körper durch gesunde Nahrung, Sport und vor allen Dingen plastische Chirurgie straff und muskulös bleibt. Aber es gibt noch ein Zaubermittel, mit dem sie sich fit halten: »Beauty work« nennt man das in Hollywood. Gemeint ist die digitale Bildbearbeitung, mit anderen Worten Photoshop, allerdings in einer Version, die wirklich alles kann und ohne dass der Zuschauer etwas davon bemerkt. Dank dieser »special effects« sehen Schauspieler jünger, schlanker und fitter aus. »Schönheitschirurgie mit der Maus«, wie das Online-Magazin Vulture schreibt.

Vulture schildert in dem Artikel, was inzwischen bei den meisten Großproduktionen in Hollywood zum Standard der Bildbearbeitung gehört. Falten und andere Unregelmäßigkeiten werden entfernt, Wangen und Augenringe gestrafft, und falls nötig gibt es ein digitales Facelifting. Augen können vergrößert, Ohren und Nasen verkleinert werden. Und das betrifft nur das Gesicht. Schauspieler bekommen digital einen Waschbrettbauch verpasst, Schauspielerinnen größere Brüste, Pos und schmalere Taillen. Dass jedes Pixel sowieso neu ausgelichtet wird, versteht sich schon fast von selbst.

»Eine romantische Szene ist längst nicht so wirkungsvoll, wenn die Darsteller Augenringe, fleckige Haut und Hamsterbäckchen haben«, erklärt einer der Gründer des Marktführers Lola Visual Effects. »Wenn Sie nach der Filmvorstellung das Kino verlassen und überzeugt davon sind, dass Ihr Lieblingsschauspieler einen makellosen Teint und null Körperfett hat, dann hab ich gut gearbeitet.«

Infolgedessen muss Spielberg die Hauptrolle wirklich nicht neu besetzen: Harrison Ford kann den jungen Indy ebenso gut spielen.

Natürlich sind Leinwandstars seit jeher überlebensgroß und den gewöhnlichen Sterblichen überlegen. Marilyn Monroe hat sich damals schon die Nase machen lassen, und wahrscheinlich wurde ihr Kiefer auch noch schnell in Form gefeilt. Rita Hayworth hat man die Stirnhaare wegepiliert, damit ihre südamerikanische Herkunft nicht so deutlich sichtbar war. Aber die heutigen Stars trotzen der Wirklichkeit. Sie bleiben ewig in Form und ewig jung, jedenfalls auf der Leinwand.

In *Vulture* berichtet ein Bildbearbeitungstechniker, wie ein bekannter Schauspieler ein Jahr später am Set erschien, um Szenen für einen großen Actionfilm nachzudrehen. Ursprünglich hatte es ihn erhebliche Mühe gekostet, sich mit Training und strenger Diät in Form zu bringen. Bei den Nachaufnahmen klebte man seinen Kopf einfach auf den Digital-Scan seines Körpers.

Ein anderer Techniker erzählt, wie er mit digitaler Bildbearbeitung den Schweiß eines Schauspielers entfernte, sechzig Minuten Film, Tröpfchen für Tröpfchen.

Nicht nur körperliche Mängel werden behoben, sondern auch mangelhafte schauspielerische Leistungen lassen sich mühelos nachbessern. Der Schauspielerin Jennifer Connelly zauberte man im Film *Blood Diamond* digital eine schimmernde Träne auf die Wange. In einem YouTube-Video wird vorgeführt, wie man ein Lächeln so bearbeitet, »dass es ein bisschen echter wirkt«. Steife Augenbrauen werden beweglicher, ein ängstlicher Blick zu einem wütenden.

Diese Korrekturen sind ironischerweise gerade deswegen viel häufiger nötig, weil die Auswirkungen der echten plastischen Chirurgie kompensiert werden müssen. Zu viel Botox und zu straffes Facelifting haben die Gesichter der Stars erstarren lassen. Gefühle können sie nur noch mit digitalen Hilfsmitteln ausdrücken.

...

Was sehen wir, wenn wir die Stars betrachten? Was sehen wir eigentlich, wenn wir den Fernseher einschalten oder eine Zeitschrift aufschlagen? In der Werbe- und Modefotografie ist Bildbearbeitung schon längst an der Tagesordnung, da werden keine natürlichen Körper mehr abgebildet. Wir bemerken es immer dann, wenn etwas schiefläuft – ein fehlender Arm, riesige Augen, die eher nach einem Außerirdischen aussehen – oder wenn sich eine prominente Person beklagt. Meghan Markle etwa, die nicht begriff, warum die französische Zeitschrift Elle ihre Sommersprossen wegretuschierte. Oder Schauspielerin Lupita Nyong'o, deren krauses Haar nachträglich bearbeitet und geglättet wurde, damit es, Nyong'o zufolge, »besser zum eurozentrischen Schönheitsideal passt«. Beide Zeitschriften überschlugen sich fast, um sich so schnell wie möglich zu entschuldigen, als seien das einmalige Ausrutscher, aber mittlerweile wird jeder Körper ins Farbbad des herrschenden Schönheitsideals getunkt.

Ein Schönheitsideal, das gegenwärtig vor allem einen »makellosen« und glatten Körper vorschreibt. Unebenheiten, Falten, Beulen, Fett und alle anderen Merkmale der Zeit oder der Tatsache, dass jemand isst und lebt, sind unerwünscht. Eigentlich eher wie Roboter oder Maschinen.

Männer müssen muskulös sein, ob Schauspieler oder Models, Hip-Hop-Musiker oder Popstars (siehe die Vorher-Nachher-Fotos von Justin Bieber für eine

Calvin-Klein-Kampagne, dessen Muskeln wundersamerweise auf den doppelten Umfang anschwellen). Frauen sollten auf jeden Fall straff, glatt und ewig jung aussehen. Für schwarze Frauen ist außerdem eine möglichst helle Haut ein Muss. Beyoncé hat ihre Haut bereits mehrmals bleichen lassen (während die von O. J. Simpson im *Time Magazine* nachgedunkelt wurde).

Dieses Ideal ist übrigens nicht nur in Filmen, Zeitschriften oder der Werbung maßgeblich, sondern auch in den sozialen Medien. Abgesehen von digitaler Bildbearbeitung greifen die Nutzer hier außerdem noch auf andere Tricks zurück. Die zwanzigjährige Instagrammerin Sara Puhto zeigt auf ihrem Account, wie ein runder Bauch und schlaffe Pobacken durch den richtigen Einstellungswinkel, die Körperhaltung und Muskelspannung wie von Zauberhand verschwinden.

Diese straffen, sterilen Körper umgeben uns von allen Seiten: Alles, was den Körper zum Körper macht, das sogenannte Schmutzige daran, Fett, Blut, Schweiß und Galle, ist verschwunden. Die allgegenwärtige Bilderwelt vernichtet den natürlichen Körper jeden Tag aufs Neue.

. . .

Wir formen unser Werkzeug, und danach formt unser Werk-zeug uns, heißt es bei Marshall McLuhan, kanadischer Philosoph und Wissenschaftler. Oder: Wir betrachten unsere Körper als formbare Werkzeuge, und das bewirkt wiederum eine Veränderung unseres Selbst und unserer Eigenwahrnehmung.

McLuhan starb 1980, aber nach wie vor hat niemand sonst so klug über Technologie und ihre Auswirkungen auf den Menschen geschrieben. »Der wichtigste Denker seit Newton, Darwin, Freud und Einstein«, sagte Tom Wolfe einmal über ihn. Bereits in den Sechzigerjahren des letzten Jahrhunderts sah McLuhan die vernetzte Welt und das Internet voraus (Grund genug für das Tech-Magazin *Wired*, ihn posthum zu seinem Schutzheiligen auszurufen). Sein berühmtester Satz lautet zweifellos: »Das Medium ist die Botschaft.«

Damit vertrat McLuhan die Ansicht, dass die Botschaft eines Mediums darin besteht, wie wir es gebrauchen (es also in einer Weise benutzen, die uns das Medium selbst vorgibt). Die Inhalte sind bedeutungslos, es geht nur darum, was das Medium mit uns, den Benutzern, macht. Unter Medium versteht McLuhan alles, was der Mensch je hergestellt hat, jeden Apparat, jede Technologie, alles vom Messer über das Rad bis hin zum Auto und Internet. Und jedes einzelne übt eine spezielle Wirkung auf uns aus.

Um diese Wirkung zu verstehen und herauszufinden, auf welche Weise ein Medium uns beeinflusst oder worin seine Botschaft besteht, müsse man sich, McLuhan zufolge, die Frage stellen, worin das Hauptmerkmal des Mediums bestehe. Was verbessert es, was betont es? Die Antwort darauf gleicht einer Zukunftsvorhersage, so McLuhan, denn letztlich schlage jeder Vorteil, den ein Medium biete, in einen Nachteil um. Aus einem Zuviel werde ein Zuwenig, aus Stärke Schwäche.

Das legt McLuhan beispielhaft am Auto dar. Das Auto brachte uns die Geschwindigkeit – unser Körper konnte sich plötzlich schneller bewegen und größere Strecken zurücklegen als je zuvor. Je mehr Menschen allerdings ein Auto besaßen, desto mehr steckten sie auch in Staus fest. Geschwindigkeit schlägt in Langsamkeit um.

Fernsehen und später dann, in verbesserter Form, das Internet weisen eine ähnliche Entwicklung auf: Diese Medien öffneten uns ein Tor zur ganzen Welt und zu unserem eigenen Kopf, sodass wir mit einem Mal Zugriff auf einen ungeheuren Wissensschatz hatten. Aber was diese Medien ebenfalls hervorbrachten, war ein globales Dorf, in dem Menschen wieder, wie früher, auf dem digitalen Dorfplatz an den Pranger gestellt werden.

Wenn wir von McLuhans Worten ausgehen: Worin besteht die Macht der digitalen Bildbearbeitungstools? Sie machen Körper schöner, als sie in Wirklichkeit sind. Darin muss also auch ihre Schwäche liegen. Denn aufgrund dieser Verbesserungen erscheint uns die Wirklichkeit inzwischen zusehends hässlicher.

Je perfekter die Körper sind, die uns umgeben, desto unzufriedener sind wir mit unserem eigenen Spiegelbild.

In *Vulture* drückt ein Bildbearbeitungstechniker es folgendermaßen aus: »Für die nächste Generation, also die heutigen Zehnjährigen, wird es noch schwieriger werden, sich selbst rein physisch nicht zu verabscheuen, denn wir zeigen ihnen etwas geradezu göttlich Vollkommenes.«

Gleiches gilt für alle Medien: Wir schauen auf Götter. Straffe, strahlende und sterile Wesen, denen die Zeit oder ein ordinärer Kater nichts anhaben kann. Im Vergleich dazu sind unsere eigenen fetten, blutenden, schwitzenden Körper hoffnungslose Versager. Kein Wunder, dass das eigene Spiegelbild für manchen mittlerweile ein fast unerträglicher Anblick geworden ist.

...

Gab es je eine Zeit, in der Menschen den natürlichen Körper so umfassend unterdrücken und disziplinieren wollten wie heute? Er wird von uns gemanagt, zu Höchstleistungen angetrieben und in Schach gehalten. Durch Sport und Ernährung wollen wir ihn in seinen optimalen Zustand bringen, mehr und mehr Menschen greifen auf plastische Chirurgie zurück – Botox, Filler, eine kleine Nasenkorrektur –, um sich in die gewünschte Form zu meißeln. Wir beschreiben unsere Körper in Zahlen: gestemmte Kilos, gelaufene Kilometer, Anzahl der zu uns genommenen Kalorien, Prozentanteil Körperfett, damit wir wissen, wo wir stehen und wohin wir wollen. Selftracking-Apps zählen unsere Schritte, messen die Qualität unseres Schlafes und unseren Blutdruck. Verbessere die Zahlen, und du verbesserst dich selbst, lautet das Motto.

Wir formen unser Werkzeug, und danach formt unser Werkzeug uns. Wir betrachten unseren Körper als Werkzeug. Wir müssen ihn verändern und perfektionieren, müssen ihm zu Leibe rücken und den natürlichen Schmutz entfernen wie besonders gründliche Putzfrauen. Selbst wenn die Säuberung manchmal zur Zerstörung führt.

Mehr und mehr Menschen leiden an Dysmorphophobie oder BDD (aus dem Englischen *body dismorphic disorder*) – sie bilden sich körperliche Mängel ein. Die Anzahl der Anorexie- und Bulimie-Patienten steigt. Neue Krankheiten treten auf.

Beispielsweise kann ein Trend namens »*clean eating*« – Zucker, Alkohol und tierische Fette sind verboten, Gemüse und vor allem Avocados erlaubt – zu einer derart krassen Unterversorgung führen, dass manche unter Haarausfall und gefährlichem Untergewicht leiden. Man bezeichnet das auch als Orthorexia: die übermäßige Beschäftigung mit gesunder, »fehlerfreier« Ernährung.

Bigorexie (oder Muskelsucht) ist die Bezeichnung für Sportsucht – durch extremes Training verschleißen die Betroffenen ihre Knie und ihren Geist.

Und von der Sucht nach plastischer Chirurgie, die ganze Gesichter verwüstet, wollen wir hier gar nicht erst reden.

Wir sind so versessen darauf, unseren Körper zu optimieren, das Göttliche in uns sichtbar zu machen, dass wir ihn zerstören.

»*Zuerst bist du Konsument, dann wirst du konsumiert*«, sagt McLuhan. Vielleicht ist das die neue Krankheit, die am meisten über uns verrät: Selfie-Dysmorphie. Denn nicht nur die medialen Bilder werden zusehends glatter und steriler, sondern auch die Bilder von uns selbst. Und diese Fotos entstehen nicht in technologisch hochgerüsteten Studios, sondern auf unseren eigenen Handys.

Früher musste man den »Beauty-Filter« selbst aktivieren, inzwischen ist er auf der neuesten Handy-Generation standardmäßig installiert. Die Kamera »sieht«, was sich verbessern lässt, und macht sich automatisch an die Arbeit. Unebenheiten werden retuschiert, Augen eventuell vergrößert, die Nase verkleinert, und auf allen Gesichtern ist ein gleichmäßiges digitales Make-up aufgetragen. Jeder sieht schöner aus. Aber wer in den Spiegel blickt, erkennt sich kaum wieder. Daher wenden sich heute nicht wenige an die plastische Chirurgie, um wieder ihrem Selfie zu ähneln, berichtete *The Guardian* kürzlich.

»Wir formen unser Werkzeug, und danach formt unser Werkzeug uns.« Wir erschaffen eine digitale Realität, der die Wirklichkeit nicht das Wasser reichen kann, und versuchen anschließend, die Wirklichkeit entsprechend anzupassen.

Bis zu einem gewissen Grad gelingt uns das auch. Alle Methoden, die unseren Körper für eine Weile verbessern, sind ja ein Sieg über die Natur. Durch Fitness, gesunde Ernährung und vor allem plastische Chirurgie können Sechzigjährige heute mindestens zwanzig Jahre jünger aussehen (und umgekehrt, denn eine Nebenwirkung dieser Eingriffe besteht darin, dass alle sich allmählich immer ähnlicher sehen). Auf die Glatze kommen wieder Haare, flache Körper werden rund und umgekehrt. Naturgesetze werden übertreten, die Zeit steht scheinbar still, der Körper ist formbare Materie – wer es wirklich will, kann seine irdische Gestalt austauschen.

Derzeit wird eine neue Pille entwickelt, deren Wirkung darin bestehen soll, dass man Parfüm ausschwitzt, und schon jetzt gibt es Menschen, die sich die Schweißdrüsen in den Achseln per Laser verschließen lassen. Schluss mit Schweißgeruch und Schweißflecken. Vielleicht riechen wir ja eines schönen Tages alle nach Blumen, wer weiß.

Jedenfalls stehen wir erst am Anfang dieser Entwicklung. Mittels Genetik, Biotechnologie und Informatik ist die Wissenschaft gegenwärtig damit beschäftigt, eine Art Übermenschen zu erschaffen, der stärker, schlauer, schneller und immun gegen Krankheiten ist. Technologie-Millionäre wie Peter Thiel und Elon Musk träumen sogar vom ewigen Leben und gehören damit zu den Anhängern des sogenannten »Transhumanismus«. Mithilfe neuester Technik wollen sie dem Tod ein Schnippchen schlagen. Vor ein paar Jahren hat Google mit diesem Ziel eine neue Firma namens Calico gegründet (derzeit Erfolg versprechendste Option: den Geist oder die Seele auf einen Computer herunterladen).

Warum unvollkommen sein, wenn's auch anders geht? Die größte Leistung besteht im Sieg über den natürlichen Körper. Wir wollen keine Tiere sein, sondern Götter.

...

Aber Götter schwitzen nicht. Sie bluten und altern nicht, sie spucken keine Galle. Und sie stinken nicht. Allerdings besteht die Gefahr, dass sie deshalb auch den Gestank des Lebens nicht mehr ertragen können.

Vor einigen Jahren hatte Adriaan van Dis in der niederländischen Talksendung *Zomergasten* (Sommergäste) eine Frau ohne Arme und Beine eingeladen. Sie war Künstlerin und malte mit dem Mund. Sie stellte sich die Frage, wie die Zukunft wohl aussehen würde, wenn die Menschheit in der Lage wäre, alle Mängel zu beheben. Dann würde niemand mehr mit einer Behinderung geboren werden und Menschen wie sie selbst aus dem Straßenbild verschwinden. Wie würden wir die Welt dann sehen?

Sie bekam keine Antwort auf ihre Frage, aber die Möglichkeit, dass die Menschheit dann weitgehend vergessen haben wird, wie fragil das Leben ist, lässt sich nicht von der Hand weisen. Das Bewusstsein dafür wird wohl schwinden, dass man eben nicht alles im Griff hat, nicht alles machbar ist und eine fundamentale Ungleichheit zwischen Menschen besteht. Beispielsweise bedingt durch die sozioökonomischen, geografischen und geschichtlichen Umstände, unter denen jeder Einzelne zur Welt kommt, aber auch durch etwas so Einfaches und vollkommen Unberechenbares wie Glück.

Die heutige Technologie konzentriert sich in erster Linie darauf, Ungleichheiten auszumerzen. Besonders vielsagend ist die Vorhersage der Zukunftsforscherin Ayesha Khanna. Ihrer Ansicht nach wird es nicht mehr lange dauern, bis die ersten »smarten« Kontaktlinsen Obdachlose aus unserem Gesichtsfeld filtern. Das sei, so Khanna, nur logisch, »denn es verbessert unser Lebensgefühl«.

Eine Welt, in der man alle Fehler beheben kann und aus der unser natürlicher Körper mit seinen Unvollkommenheiten verschwunden ist, wird insgesamt dazu führen, dass wir nur noch Makellosigkeit und Glück sehen und erleben wollen.

Jede vom Menschen entwickelte Technik, schrieb McLuhan, jedes Gerät, Hilfsmittel oder Medium stellte eine Verbesserung des menschlichen Körpers dar. Messer, Rad, Auto, Internet – sie alle sind wie zusätzliche oder erweiterte Körperteile: das Messer für unsere Fingernägel, Rad und Auto für unsere Beine und das Internet für unser Gehirn.

Inzwischen könnte man auch die Auffassung vertreten, dass die Technik sich gegen ihre menschlichen Schöpfer gewandt hat. Was uns früher schneller, stärker und schlauer machte, ist jetzt der Grund dafür, dass wir Unvollkommenheit nicht mehr ertragen können. Wir wollen, dass unser eigener Körper der schnellste, stärkste und schlaueste Apparat ist.

Aber wer, wie Ikarus, zur Sonne fliegen will, stürzt in die Tiefe. Denn wir sind keine Götter, und die Natur lässt sich nicht zähmen. Unser Streben nach Perfektion, das Mantra des »Mehr-Höher-Schneller« der heutigen Kultur, hat uns unseren eigenen, natürlichen Körpern und unserem Selbst entfremdet und vielleicht sogar der Natur um uns – denn auch die wollen wir ständig managen, zähmen und in Zahlen fassen (ein Temperaturanstieg von einem Grad wird ihr zugestanden).

Allein unternimmt man dagegen wenig, höchstwahrscheinlich sogar überhaupt nichts. Und doch fängt genau da der Widerstand an: bei unserem eigenen Körper. Wir sind unser klopfendes Herz, unser strömendes Blut, unser sprechender Mund, und unser Körper ist eine potenzielle Waffe. Unser Körper kann gehorchen oder Nein sagen. Nein sagen zu einer Kultur, in der etwas niemals gut genug sein kann und die uns alle zu Geräten und Maschinen degradiert.

Nein, ich verabscheue meinen natürlichen Körper nicht. Nein, ich verabscheue seine Verletzlichkeit nicht. Ich will ihn nicht länger in Zahlen und Diagrammen fassen, und ich will auch nicht alles an ihm reparieren. Ich muss kein Gott sein. Ich – und jeder andere auch – darf zu dick, zu alt und zu ungesund sein, schiefe Zähne und dünnes Haar haben, schwitzen, stinken und insgesamt nicht der herrschenden Gesundheits- und Glücksideologie genügen. Denn die Falten und Unebenheiten meiner Haut, mein runder Bauch und alles, was an mir zu groß oder zu klein, zu sichtbar oder gerade nicht sichtbar ist: Das ist alles meins. Es ist mein Körper, der mir treue Dienste leistet und der einfach da ist – und das allein ist doch schon ein großes Wunder.

{ TRINKE }

Ich trat in die Sonne und hatte keine Ahnung,
wie ich leben sollte.

–

Menno Wigman, *Als ich zu schreiben anfing*

Manchmal schnürt mir die ganze verlorene Zeit die Luft ab. Sämtliche Abende in Cafés, sämtliche darauffolgende Kater, sämtliche vergeudete Stunden: Ich hätte so viel mehr tun können. So viel mehr schreiben, so viel produktiver, vielleicht so viel erfolgreicher sein können. Wenn ich bloß nicht immer hängen geblieben wäre, nicht gesagt hätte, na gut, einer geht noch. Wenn ich disziplinierter gewesen wäre.

Denn gebracht hat mir das alles nichts. An die meisten dieser alkoholisierten Abende kann ich mich nicht mal erinnern. Die Gespräche habe ich so gut wie vergessen, mir sind weder Erkenntnisse noch gute Sprüche im Gedächtnis geblieben oder tiefere Einsichten, die ich hier aufschreiben könnte. Im Augenblick selbst kam mir alles wahnsinnig intensiv vor, ergab mit einem Mal einen Sinn, noch nie hatte ich einen Gesprächspartner mit so viel Durchblick gehabt, und mir selbst war auch plötzlich alles total klar, aber am nächsten Tag war da bloß noch dicker Nebel in meinem Kopf.

Ich weiß noch, wie ich weinend am Flughafen in New York saß, weil ich meinen Freund vermisste und ein glatzköpfiger Mann sich neben mich setzte und mir einen Schluck von seinem selbst gebrauten Wodka anbot. Er erzählte, er sei Kriegsberichterstatter, komme gerade aus Bosnien zurück und sei auf dem Weg zu seiner Ranch in Texas. Er sagte, Bosniaken, Serben oder Kroaten gebe es überhaupt nicht, das seien nichts als fiktive Kategorien eines ... Kaisers, eines Königs? Keine Ahnung, vergessen. Ich schrieb seinen Namen auf eine Zigarettenpackung und warf sie dann, sturzbetrunken, eine Stunde später in den Abfalleimer.

Ich hätte gern eines seiner Bücher gelesen, er hatte mehrere geschrieben, wie er mir erzählte, aber natürlich weiß ich seinen Namen nicht mehr. Dafür erinnere ich mich noch ganz genau, wie der Wodka schmeckte und wie er in meiner Kehle brannte.

Gelegentlich begegne ich zufällig einer Frau, sie ist blond und hat blaue Augen. Wir kennen uns, wissen aber nicht mehr, woher. »Ich weiß noch genau, wie wir uns einen Abend lang fast totgelacht haben«, sagt sie dann jedes Mal. Ich kann mich auch noch daran erinnern oder bin jedenfalls fest davon überzeugt, denn ich bekomme immer gute Laune, wenn ich sie sehe. Aber kurz darauf starren wir uns nur ausdruckslos an. Wir haben uns nichts mehr zu sagen. Nur an diesem einen Abend, wir wissen beide nicht mehr, wann, kam alles zusammen.

Ich sehe noch genau vor mir, wie ich, schreiend vor Wut, auf der Straße stehe, im Suff dicke Tränen weine, auf einer Veranda mit jemandem herumknutsche, den ich kaum kenne. Ich habe nicht die leiseste Ahnung, warum ich so böse oder traurig war oder wer dieser Junge eigentlich war.

Weiter gibt es nichts zu erzählen. Nie bin ich infolge von übermäßigem Alkoholgenuss in einer Ausnüchterungszelle oder im Krankenhaus zu mir gekommen oder in einem völlig anderen Land aufgewacht. Ich habe also aus der ganzen vergeudeten Zeit nicht mal eine gute Geschichte zurückbehalten.

Wenn ich wenigstens noch wüsste, mit wem ich gesprochen, geknutscht oder mich herumgestritten habe, und die Sache insgesamt etwas schlauer in Angriff genommen hätte, könnte ich das jetzt als »netzwerken« umdeklarieren und hätte was davon.

Der französische Philosoph Jean-Paul Sartre liebte diese betrunkene Flüchtigkeit, las ich online in dem Artikel »How to Party Like an Existentialist«. »Ich mochte es, verwirrende, vage fragende Gedanken zu haben, die sich dann verflüchtigten.« Sartre zufolge erstickt zu viel Ernsthaftigkeit unsere Freiheit und Kreativität.

In seinem Gedicht »Berauscht euch!« schreibt der französische Dichter Baudelaire: »Man muss immer trunken sein. Darauf kommt es an, das ist der springende Punkt. Um nicht die furchtbare Last der Zeit zu spüren, die eure Schultern zerbricht und euch zur Erde beugt, müsst ihr euch berauschen ohne Unterlass.« Nur mit einem benebelten Geist sind wir »nicht die gemarterten Sklaven der Zeit«.

Und es sind nicht nur die Franzosen – bis vor etwa zehn Jahren gab es keinen Schriftsteller oder Trinker, der nicht hin und wieder gierig nach der Flasche griff. Die können doch nicht alle Unrecht haben?

Irgendwann habe ich beschlossen, mich nicht mehr zu schämen, das weiß ich noch genau. Die Sonne warf bereits lange Schatten, als ich völlig verkatert durch die Wibautstraat lief und dachte: Das hat doch alles keinen Sinn. Ich kann nichts dran ändern, mit wem ich rumgemacht, mit wem ich auf dem Tisch getanzt, mit wem ich peinliche, total rührselige Gespräche geführt habe (Du bist echt so schön! Nee, *du* bist total schön!) oder wen ich schwer beleidigt habe. Von diesem Moment an schrieb ich die Geschichte einfach um und löschte die verschmierte Wimperntusche, die Fahrradstürze, Kotzorgien und das wahllose Herumgeknutsche. Niemand war eingeschnappt, niemand war traurig, *alles war schön, und nichts tat weh.* Denn was ist Erinnerung anderes als ein ausgetretener Pfad in deinem Hirn? Man muss nur oft genug denselben Gedanken denken, und alles wird wie von selbst Realität.

Ich lebte in einem Rausch der zusammenfantasierten Erinnerungen. Ich schwänzte. Das ist übrigens nach wie vor meine Lieblingsbeschäftigung. Irgendwo hinmüssen, irgendwas tun müssen, und das dann mal eben sein lassen. Schule, Arbeit, Freundschaft, Leben und Liebe – ich habe eine Menge geschwänzt.

Dann passiert Folgendes: Wer schwänzt, findet ein Loch in der Zeit. Jedenfalls hat man das Gefühl, als würde sich die Tür zu einem Paralleluniversum öffnen. In der normalen Welt läuft alles weiter, jeder ist intensiv mit seiner Zukunft beschäftigt, so wie du das eigentlich auch solltest, aber auf der anderen Seite der Tür da existiert diese Zukunft nicht mehr. Dort gibt es keine Regeln und Gebote, dort will niemand was von dir, dort bist du frei.

Trinken ist Schwänzen. Drogen nehmen ist Schwänzen. Schreiben ist Schwänzen. Du entwischst der Wirklichkeit und deinem eigenen Kopf.

Zwischen Vernunft und Rausch besteht ein Unterschied, schreibt Bertrand Russell in seinem Werk *Die Philosophie des Abendlandes.* Der Unterschied zwischen vernünftiger Pflichterfüllung und sich ihr zu entziehen, sich zu drücken. Der Unterschied zwischen rasch vorwärtseilender und stillstehender Zeit.

Davon habe ich immer geträumt: Irgendwo am Ufer sitzen, mit den Beinen baumeln, die Sonne im Gesicht und neben mir eine Freundin oder mein Liebster, dazu eine Flasche Wein und ein Päckchen Zigaretten. Mein Ziel war ein Leben mit möglichst wenig Verantwortung. Ohne Leute, die irgendwas von mir wollten, mich um irgendwas baten. Ich wollte einfach da sein, mehr nicht. Und anschließend irgendwo tanzen gehen und vielleicht danach auf die eine oder andere Afterparty und auf noch eine, bis ich frühmorgens schwer angesäuselt nach Hause komme und all diese hellwachen Menschen sehe, die zur Arbeit radeln, während ich mich ins Bett lege, erst mittags wieder aufwache – und mich dann noch mal umdrehe. Und noch mal und noch mal.

Das ist zweifellos auch der Grund, warum mein Freund und ich so lange mit einem Kind gewartet haben. Oder besser gesagt, warum wir so lang mit der Entscheidung gewartet haben, dass wir ja mal ganz vorsichtig versuchen könnten, ein Kind in die Welt zu setzen. Erst nach fünfzehn gemeinsam verbrachten Jahren, als unsere Aussichten, rein statistisch, schon beinahe gegen null gingen und sämtliche meiner Freundinnen längst Familie hatten, konnte ich mich allmählich mit der Vorstellung anfreunden, etwas weniger Zeit zu verschwenden. Dass es geklappt hat, grenzt an ein Wunder. Darüber bin ich sehr glücklich, aber die durchzechten Nächte fehlen mir, auch nach vier Jahren noch.

Jahrelang war ich Nachtschwärmerin, arbeitete am Telefon einer Escortagentur. Ich hatte gute Jobs tagsüber, in der Politik und NGOs, gekündigt, weil ich mich fürs Nachtleben entschieden hatte. Denn für mich ist die Nacht die schönste Zeit des Tages. Wenn sich keine Sonne über den Himmel schiebt und uns zeigt, wie die Stunden vergehen, sondern alles in einem großen schwarzen Loch verschwindet.

In der Agentur habe ich Studentinnen, Mütter und Frauen kennengelernt, die tolle Jobs hatten und sich trotzdem für ein anderes Leben entschieden, eine Art Schattendasein neben ihrer normalen Existenz. Im Alltag waren sie häufig verlegen und schüchtern und suchten eine Freiheit, die sie nirgendwo sonst fanden. Eine Befreiung von sich selbst. Oder vielleicht auch eine Befreiung von ihrer normalen Welt. In der Agentur konnten sie für kurze Zeit eine andere Person sein und genau wie ihre Kunden in eine andere Haut schlüpfen.

»Nicht das Doppelleben macht uns krank, sondern gerade der Mangel daran«, schrieb Arnon Grunberg im NRC *Handelsblad*. »Die Hölle sind nicht die anderen, sondern in einer Geschichte gefangen zu sein, aus der wir nicht entkommen.«

Derzeit sind die einzigen Monster und Dämonen, gegen die ich kämpfe, die meines kleinen Sohnes, und dieser Kampf findet vorwiegend tagsüber statt. Nachts schlafe ich nur noch tief und traumlos.

...

Bertrand Russell zufolge gehört das Verlangen, sich allem zu entziehen, zu schwänzen, untrennbar zur Zivilisation. In Wahrheit steckt dahinter nichts anderes als der Wunsch, dem Anpassungsdruck unserer Gesellschaft zu entfliehen.

Ohne Zivilisation, ohne Kultur hätte unsere Art es niemals bis an die Spitze der Nahrungskette geschafft. Ihretwegen funktionieren wir auch in großen Gruppen gut, haben Städte gebaut, Wissenschaft und Demokratie entwickelt. Aufgrund der Gesetze, Sitten und Gebräuche, die diese Zivilisation uns auferlegt, sind Millionen und Milliarden Menschen in der Lage, ziemlich problemlos zusammenzuleben und miteinander auszukommen. Zugleich jedoch, schreibt Russell, ist jedes Individuum in dieser Gesellschaft insgeheim davon überzeugt, dass durch die Gesetze, Gebräuche und Sitten auch etwas verloren gegangen ist. Man könnte es als Instinkt, als Leidenschaft oder als primitives tiefstes Inneres bezeichnen.

Es ist, wie gesagt, der Unterschied zwischen Vernunft und Rausch.

Dieser Unterschied entstand mit der Sesshaftigkeit des Menschen, schreibt Russell. Während der Mensch als Jäger und Sammler noch von einem Tag zum anderen lebte, musste der Bauer wohl oder übel vorausdenken. Er musste in die Zukunft investieren, denn wer nicht rechtzeitig pflügte und säte, würde ein halbes Jahr später auch nichts ernten, und um den Winter zu überstehen, mussten Vorräte angelegt werden.

Nach Russells Auffassung unterscheidet sich der primitive vom zivilisierten Menschen genau hier: »durch die Vorsicht, oder, um einen etwas weiteren Begriff anzuwenden, durch die Vorsorge«. Der zivilisierte Mensch nimmt »bereitwillig gegenwärtige Leiden um zukünftiger Freuden willen auf sich, selbst wenn die künftigen Freuden recht fernliegen.«

Bienen, die Nektar sammeln, oder Eichhörnchen, die Nüsse vergraben, handeln aus Instinkt, schreibt Russell. Der Mensch hingegen wird von seinem Verstand angetrieben, der ihm sagt, dass er jetzt handeln müsse, um zu einem späteren Zeitpunkt Nutzen davon zu haben. Er weiß, dass er nur überlebt, wenn er sich anstrengt und plant, statt rein instinktiv und spontan zu handeln.

Genauso wenig, wie wir heutzutage instinktiv und spontan die Schulbank drücken, Fortbildungskurse besuchen und unsere CVs tunen oder netzwerken.

Wir passen unser Verhalten an die Umstände an, damit in der Zukunft etwas aus uns wird. Du beschließt, weniger zu trinken und mit dem Rauchen aufzuhören, um überhaupt eine Zukunft zu haben. Du opferst das Heute für alles, was noch kommen soll. Obwohl sich die Frage stellt, ob es denn auch so kommen wird.

Wie soll der Mensch diesem Dilemma entkommen? Wie kann er seinen Verstand abschalten? Der Ackerbau, der ein planendes Wesen aus dem Menschen gemacht hatte, brachte auch hier die Lösung. Und zwar in Form von Bier und Wein. Mit einem Mal konnte der Mensch Korn, Hopfen und Reben anbauen und lernte den Rausch kennen. Und er stellte fest, dass der Rausch alle Zukunftspläne über den Haufen werfen kann.

Denn der Betrunkene denkt niemals an die Zukunft und an das, was noch getan werden muss. »Seine Phantasie ist plötzlich befreit von den Fesseln der alltäglichen Vorurteile«, so Russell.

Die Trunkenheit hatte ihre eigene Gottheit, Dionysos oder Bacchus. Der Rausch wurde göttlich, allein im Rausch ließ sich die Welt wieder als vollständig erleben.

Im Rausch kam zum Vorschein, was die Vorsorge zunichtegemacht hatte. Er rief Leidenschaft hervor und machte geistreich und spontan, was wiederum zu neuen Erkenntnissen führte. In diesem Zusammenhang erwähnt Russell auch den Begriff »Theorie«, der im antiken Griechenland aufkam. Theorie bedeutete »leidenschaftliche, einfühlende Kontemplation«. Für die alten Griechen war es eine ekstatische Offenbarung, außerhalb der nüchternen, klaren, vorausschauenden Realität. Zu diesen Offenbarungen kam es (auch) unter Einfluss von Alkohol, wenn der Geist, von kausalem Denken und Vernunft befreit, zum Sprung ins Ungewisse ansetzte.

»In vielen menschlichen Höchstleistungen finden wir ein gewisses Element des Rausches; die Leidenschaft triumphiert gleichsam über die Vorsicht«, schreibt Russell. »Ohne das bacchische Element wäre das Leben reizlos; mit ihm ist es gefährlich. Vorsicht contra Leidenschaft – dieser Konflikt zieht sich durch die ganze Weltgeschichte. Hier handelt es sich um einen Konflikt, bei dem wir nicht ganz einseitig Partei ergreifen sollten.«

Jeder muss selbst herausfinden, wie er sich zwischen diesen beiden Polen, dem Verstand und dem

Rausch, zurechtfindet. Als ideales Vorbild nennt Russell den Begründer der Mathematik, Pythagoras (er lebte und wirkte um 532 v. Chr.). Die meisten kennen ihn aus der Geometrie aufgrund seines Satzes, mit dem sich die Hypotenuse eines rechtwinkligen Dreiecks bestimmen lässt. Aber Pythagoras begründete auch einen mystischen Kult, der den Zustand des Rausches ehrte. Männer und Frauen konnten dem Orden zu gleichen Bedingungen beitreten, in dem, rund 2.400 Jahre vor Marx, Privatbesitz als Diebstahl betrachtet wurde – und selbst mathematische und wissenschaftliche Entdeckungen als Gemeinschaftseigentum ansah. Die Ordensregeln schrieben allerdings auch vor, dass Anhänger keine Bohnen essen, keinen weißen Hahn berühren und nicht auf Hauptstraßen gehen durften.

Russell hält Pythagoras für einen der einflussreichsten Denker der Geschichte. Er war » ... einer der geistig bedeutendsten Männer, die je gelebt haben, und zwar gilt das bei ihm nicht nur, wo er weise, sondern auch, wo er nicht weise ist«.

Wo findet sich heute noch ein Ausweg? Wo ist die Lehre, die Ratio und Rausch miteinander verbindet? Eine Lehre, die das Höchste und das Niedrigste miteinander verknüpft und anerkennt, dass auch oder gerade im Niedrigsten Weisheit verborgen ist?

Allem Anschein nach liegt das Hauptaugenmerk heute auf der Zukunft, der Vorsorge. Die gesamte Selbsthilfeindustrie, die uns ständig dazu aufruft, in das eigene Selbst zu investieren, ist unerträglich streng und unerträglich einfallslos. Kein Alkohol, kein Nikotin, nicht ablenken lassen, nicht aus der Rolle fallen. Leben im Hier und Jetzt ist zwar erst mal in Ordnung, aber eben nur, um dich in Gelassenheit zu üben: Am Schwimmbeckenrand sitzen und nicht mehr ins Wasser springen. Mathematik wird für Algorithmen genutzt oder für Apps, die deine Schritte zählen und deinen Schlaf analysieren und regulieren. Wo bleibt da die »leidenschaftliche, einfühlende Kontemplation«, die uns befreit, statt uns einzuengen?

Natürlich ist Alkoholkonsum nicht gesund, Jahr für Jahr sterben Millionen Menschen aufgrund von Alkoholmissbrauch. Sie werden abhängig, und Alkoholismus ist eine Sucht, von der man nur sehr schwer loskommt. Aber ich möchte hier auch kein Plädoyer für den Alkoholismus halten. Wer ständig betrunken sein muss oder sein will, verhält sich nicht minder extrem als unsere Gesellschaft, die ständig auf Nüchternheit pocht.

Es geht um den Mittelweg. Um die Erkenntnis, dass mit dieser optimalen Gesundheit und Produktivität, die dich dazu befähigt, das Spiel auf der Höhe deines Könnens mitzuspielen, auch etwas verloren geht. Verrücktheit, Begeisterung und nicht zuletzt das Bewusstsein der eigenen Machtlosigkeit.

Wer nicht trinkt oder nur ab und zu ein puritanisches Fingerhütchen voll, erhofft sich ein gesünderes und längeres Leben. »Wenn ich eines auf keinen Fall verpassen will«, sagte eine Freundin, »dann ist es die Zukunft.« Folgerichtig ist eine gesunde Lebensweise in diesem Fall also eine Art Versicherung, eine Zusatzgarantie. Vor allem aber gaukelt sie uns fälschlicherweise vor, wir hätten alles unter Kontrolle. Als könnte jemand dem Schicksal ein Schnippchen schlagen.

Wichtiger als die Frage, wie man so lange wie möglich leben kann, ist die Frage, was ein gutes Leben ist.

»Wer Trinken, Rauchen und Sex aufgibt, lebt auch nicht länger. Es kommt ihm nur so vor.« Dieses Zitat hing angeblich über dem Schreibtisch des polnischen Soziologen Zygmunt Bauman. Er wurde 91 Jahre alt.

Nicht jedem ist es gegeben, einen Mittelweg zu finden, manche müssen wirklich aufhören, um nicht abhängig zu werden. Das sind aber Ausnahmeerscheinungen. Für die meisten ist ein täglicher Balanceakt möglich.

Ich hätte viel mehr tun, viel mehr schreiben können, viel erfolgreicher sein (oder noch mehr Fehler machen) können. Diese vielen verlorenen Abende waren total nutzlos, ich habe dumme Sachen angestellt, mir Feinde, aber auch Freunde gemacht, Liebhaber getroffen und jede Menge ekstatischer Offenbarungen gehabt, die ich entweder wieder vergessen habe oder die auf den zweiten Blick doch nicht ganz so überwältigend waren. Aber ich habe gefunden, wonach ich suchte. Ich bin für einen Moment aus der nüchternen Welt mit ihren Zwecken und Zielen geflohen, in der ich in mich selbst investieren oder, noch schlimmer, mich selbst optimieren muss. Für einen kurzen Moment habe ich die Last der Zukunft, die ihre langen Schatten auf alles wirft, nicht auf meinen Schultern gespürt. Ich war frei.

Vielleicht hätte ich mehr tun können, aber immerhin war ich hin und wieder mehr als nur ein »gemarterter Sklave der Zeit«.

{ BLUTE }

Die wahre Verdammung dieser Epoche ist, im Gegenteil zu
denken zu geben, sie sei nicht blutig genug.
Das Blut ist nicht mehr sichtbar; es bespritzt nicht mehr
genügend hoch das Gesicht unserer Pharisäer.
Das ist der äußerste Nihilismus: Der blinde, wütende Mord
wird eine Oase, und der dumme Verbrecher erscheint
erfrischend neben unseren höchst intelligenten Henkern.

–

Albert Camus, *Der Mensch in der Revolte*

In einer besonders gelungenen Folge der amerikanischen Kultserie *Buffy – Im Bann der Dämonen* wird bei Buffy eine Psychose diagnostiziert. In »Zwei Welten«, der 17. Folge der 6. Staffel, muss Buffy die Welt wie immer vor Vampiren, Dämonen, Göttern und völlig durchschnittlichen, aber total bösartigen Mitschülern beschützen. Nur Buffy kann sie aufhalten, denn sie ist nun mal die *Jägerin*, was man ihr übrigens nicht ansieht. Auf den ersten Blick wirkt sie wie ein typischer Teenager, in Wirklichkeit hat aber sie allein die Macht, das Böse aufzuhalten.

Diese sehr komplexe Aufgabe verlangt Buffy sieben Staffeln lang echt alles ab. Ihre alleinerziehende Mutter ahnt nichts von den außergewöhnlichen Fähigkeiten ihrer Tochter, Buffys Freundinnen tun sich entweder schwer mit ihren besonderen Kräften oder sind ebenfalls Vampire, und Buffy selbst wäre auf jeden Fall am liebsten nur ein stinknormaler Teenie.

Eines Tages geht ihr Wunsch vermeintlich in Erfüllung: Ihre Superkräfte sind urplötzlich verschwunden. Stattdessen sitzt sie seit sechs Jahren in der geschlossenen Psychiatrie, weil sie sich einbildet, Superkräfte zu haben. Der behandelnde Arzt will Buffy dazu bringen, sich von ihren seltsamen Fantasien zu lösen. Und ihre Mutter meint, sie könne zwar verstehen, dass ihre Tochter gern etwas Besonderes sein möchte – jeder wäre schließlich gern unbesiegbar –, dass Buffy aber trotzdem akzeptieren müsse, eine ganz durchschnittliche Jugendliche zu sein. Sie könne in der normalen Welt nur zurechtkommen, wenn sie ihre Fantasien aufgebe.

Alle tappen in eine Falle, denn natürlich ist alles genau umgekehrt: In Wahrheit ist die vermeintlich normale Welt eine Fantasievorstellung, eine Halluzination, die ein Dämon Buffy mit seinem Giftstachel injiziert hat. Das ist allerdings nur dem Zuschauer klar. Er weiß als Einziger, dass total normal aussehende Jugendliche zugleich auch unbesiegbar sein können, so wie er selbst sich das in seiner Fantasie wünscht.

· · ·

Vor einigen Jahren gab die Weltgesundheitsorganisation (WHO) bekannt, dass Depression die Volkskrankheit Nummer eins sei. Weltweit leiden mehr als 300 Millionen Menschen daran, und die Zahl der Erkrankten hat innerhalb von zehn Jahren um 18 Prozent zugenommen. Der WHO zufolge sind insbesondere Heranwachsende durch psychische Probleme gefährdet, die bis zu Arbeitsunfähigkeit oder Suizid führen können. Der belgische Philosoph und Psychiater Damiaan Denys schätzt, dass in den Niederlanden mehr als 42(!) Prozent der Bevölkerung unter Symptomen psychischer Störungen wie Stress, Angst und Depressionen leiden, wie er in einem Interview mit dem NRC Handelsblad erklärt (»Es ist nicht normal, schön und erfolgreich zu sein und alles unter Kontrolle zu haben«). Jeder siebte Arbeitnehmer oder Student leidet unter einem Burn-out.

Zwar stimmt es, dass Menschen seit jeher psychische Probleme haben, sie gehören einfach zu unserer Art. Aber aus welchem Grund hat die Anzahl der Erkrankungen so drastisch zugenommen? Sind wir verrückt geworden oder die Welt?

Das Problem, legt Damiaan Denys im Interview dar, bestehe darin, dass die Widerstandsfähigkeit des heutigen Menschen so gering geworden sei. »Wer Zeuge eines Autobahnunfalls ist, hat sofort posttraumatische Belastungsstörungen.«

Denys ist der Auffassung, dass wir zu viel vom Leben erwarten; die Machbarkeitsideologie habe sich auf den Menschen übertragen, und dieser glaube, alles kontrollieren zu können. Mit Rückschlägen könne er nicht mehr umgehen.

Psychiater Dirk de Wachter stellt dieselbe Diagnose. »Wir sind geradezu besessen von der Vorstellung des Glücks – dass alles immer nur schön, schön, schön sein soll«, erklärte er in einem *Brainwash Talk*. [2]

Beide raten dazu, unsere Erwartungen zu dämpfen, den Kummer zuzulassen und unsere Widerstandsfähigkeit zu steigern. Und wie? »Im Wald spazieren gehen, ein Buch lesen, ehrenamtlich tätig sein, sich bewegen, sich Zeit nehmen und Geduld haben«, schlägt Denys vor. »Nicht so viel in den sozialen Medien unterwegs sein und stattdessen lieber mit echten Freunden im Café sitzen. Man darf sich nicht von der Hilfe eines Psychologen abhängig machen: Jeder sollte versuchen, selbst dafür zu sorgen, dass es ihm gut geht.«

Oder wie Dirk de Wachter rät: »Du selbst musst den Sinn des Lebens finden, setz dich auf eine Bank im Park, und horch auf das Rauschen der Bäume.«

Solche Ratschläge sind natürlich keine Seltenheit. Wir sollen uns entspannen, besser für uns selbst sorgen und uns auch mehr Zeit für uns selbst nehmen. Sport, gesunde Ernährung, ausreichend viel Schlaf, vielleicht noch Meditation. Mittel, zu denen viele bereits greifen, wenn sie ihre Batterien aufladen wollen. Eine kurze Ruhepause, damit man anschließend umso besser anpacken kann. Hier besteht ein großer Unterschied zu Ratschlägen, wie etwa, sagen wir mal, mehr zu trinken. Das steigert die Leistungsfähigkeit nicht zwingend, und deswegen wird auch niemandem dazu geraten. Du sollst schon weiterhin mitmachen.

Was bedeutet es aber, wenn genau da das eigentliche Problem liegt? Dass wir versuchen, möglichst störungsfrei in einer Welt zu funktionieren, die alles andere als normal ist?

Kürzlich bot Britney Spears wieder mal ein schönes Beispiel für den Unterschied zwischen dem richtigen und dem eher nicht so guten Ansatz.

Britney Spears gehört bekanntlich zu der Sorte Popstars, die öffentlich mit psychischen Problemen zu kämpfen haben. Nach ihrem Nervenzusammenbruch 2007 gingen die Fotos von ihrem kahl geschorenen Kopf und dem Stinkefinger, den sie der Paparazzi-Meute entgegenstreckte, bevor sie mit dem Regenschirm auf sie losging, um die ganze Welt. Noch Jahre später wurde darüber gewitzelt. Dass ein Star dermaßen aus der Rolle fällt, hat es seither nur bei Kanye West gegeben.

Aber inzwischen hat Britney Spears dazugelernt und benimmt sich nicht mehr daneben. Bevor sie sich im April 2019 freiwillig in eine Rehaklinik einweisen ließ, teilte sie auf Instagram mit: »Es ist so schön, wenn du für dich selbst sorgst, für deinen Geist, Körper und deine Gedanken«, und »Jeder von uns braucht mal ein bisschen ›Zeit für sich selbst‹«, plus Smiley. Es regnete Sympathiebekundungen.

Die neue Losung heißt offenbar Selbstfürsorge statt Aggressivität, und der böse Smiley von früher grinst jetzt wie ein Honigkuchenpferd. So geht man heute mit Schmerz und Kummer um: total positiv. Leid ist eine Chance, eine Gelegenheit, ein bisschen »Zeit für sich selbst« zu haben. Und Leid ist schließlich auch eine echte Herausforderung, denn so entdecken wir, worauf es wirklich ankommt – und vielleicht sogar den Sinn des Lebens.

Leid ist ein Mittel, eine Lektion. Wie bekannte Brad Pitt in einem Interview: »Ich kämpfe seit zehn Jahren gegen Depressionen. Aber irgendwie erfährt man dadurch auch, wer man wirklich ist. Ich sehe es als eine Art Unterricht.«

Zumindest wenn man bereit ist, diese Lektion zu lernen. Es liegt an dir, das Beste aus deinem Leid zu machen.

Der koreanisch-deutsche Philosoph Byung-Chul Han bezeichnet dieses Verhalten in seinem Buch *Die Müdigkeitsgesellschaft* als die »Gewalt der Positivität«. Falls es tatsächlich Dämonen geben sollte, ist das wohl das Gift, das sie uns mit ihrem Stachel eingespritzt haben. Die zwanghafte Fantasie besteht nicht darin, dass alles immer nur schön sein soll, sondern dass wir alles weniger Schöne positiv sehen müssen. Alles Unangenehme munter zu schultern, Probleme auch als Chance zu begreifen, Leid als Herausforderung zu sehen und unablässig zu versuchen, so produktiv wie irgend möglich zu sein. Eine direkte Konsequenz davon ist auch Han zufolge die Zunahme an psychischen Erkrankungen wie Depression, Aufmerksamkeitsdefizite und Burn-out. Deren Ursache ist keineswegs ein Übermaß an Negativität, sondern das Übermaß an Positivität, das die heutige Leistungsgesellschaft kennzeichnet. Während früher Verbote, Gebote und Regeln das Zusammenleben beherrschten, baut die heutige Gesellschaft auf persönliche Initiative und Motivation. Das Nein, das uns früher von außen auferlegt wurde, hat sich in ein Ja gewandelt, das aus uns selbst kommt. *Yes, we can!*

Die Disziplinargesellschaft sei noch vom Nein beherrscht gewesen, schreibt Han, ihre Negativität erzeugte Verrückte und Verbrecher. Die Leistungsgesellschaft dagegen bringe Depressive und Versager hervor. Niemand sei da, der uns zu etwas zwinge. Wir denken, dass wir unsere ureigenen Leistungsansprüche erfüllen, wir haben sie verinnerlicht. Und halten uns selbst für die einzigen Schuldigen.

Als Britney Spears den ersten Nervenzusammenbruch erlitt, richtete sie ihre Wut nach außen. Sie griff die unerreichbaren Schönheitsideale an (und deren Symbol, die lange, gewellte Haarpracht) und die Wächter dieser Ideale – die Paparazzi.

Bei ihrem zweiten Nervenzusammenbruch richtete sie diese Wut gegen sich selbst und verkroch sich hinter einem Smiley.

Wir sind inzwischen Patient und Arzt in einem, Dieb und Polizist in Personalunion. Wir sind davon überzeugt, dass wir selbst uns unseres Glücks, unserer Gesundheit und unseres Erfolgs berauben und dass wir folgerichtig auch dafür verantwortlich sind, diese Werte ihrem rechtmäßigen Besitzer zurückzubringen.

Wir sind Pawlow und sein Hund – wir disziplinieren uns selbst, um zu ertragen, was eigentlich unerträglich ist.

Wir sind Gefangener und Wächter zugleich – die Machthaber unserer Zeit müssen nicht die Polizei schicken, keine Gefängnisse bauen, wir halten uns selbst im Zaum.

Wir haben den Krieg gegen uns selbst verinnerlicht, sagt Han.

...

Wenn Dirk de Wachter uns den Rat erteilt, auf der Parkbank dem Rauschen der Blätter zuzuhören, frage ich mich: Wie denn eigentlich? Wie soll man ruhig im Park sitzen, wenn überall Stangen für Klimmzüge und Push-ups stehen und die dröhnende Musik der Crossfit- und Bootcamp-Gruppen das Blätterrauschen übertönt?

Wo finden sich noch stille Cafés, wenn die meisten durch hippe Café-Bars mit gratis Wi-Fi verdrängt wurden, in denen die Gäste auf ihren Laptops herumtippen und unentwegte Leistungsbereitschaft demonstrieren?

Wie sollst du Geduld aufbringen, wenn dein Chef oder Auftraggeber keinerlei Geduld mit dir hat?

Denn darauf läuft es schließlich hinaus. Wenn Damiaan Denys sagt: »Unsere Anforderungen ans Leben sind zu hoch. Alle jungen Mädchen wollen schön, beliebt und dünn sein. Aber dafür ist nur eine Elite vorgesehen – die stärkste Gruppe«, lässt er dabei außen vor, dass es doch genau andersherum läuft. Darin bestehen ja gerade die Anforderungen der Leistungsgesellschaft an uns: Wir sollen zur allerschönsten, allerbeliebtesten und allerschlauesten Version unserer selbst werden, um im Konkurrenzkampf mit den anderen zu bestehen.

Na klar, jeder kann diese Anforderungen herunterschrauben, aber deswegen fordert die Gesellschaft doch nicht weniger von dir. Durch Selbstfürsorge verschwindet das Problem jedenfalls nicht. Meiner Ansicht nach sind das keine Lösungen, sondern Modelle, um sich an eine abnormale Welt anzupassen.

· · ·

Byung-Chul Han beschäftigt sich mit der Positivgesellschaft, der Transparenzgesellschaft, der Pornogesellschaft, der Kontrollgesellschaft und der Leistungsgesellschaft. Mit all dem meint er das Gleiche. Man könnte auch sagen – das ist die Gesellschaft des neoliberalen Kapitalismus.

Nun gibt es den Kapitalismus schon seit ein paar hundert Jahren. Ganz knapp zusammengefasst: Er ist ein System, in dem sich Privatleute öffentliche Güter wie Land, Rohstoffe und Arbeitskraft aneignen (nicht selten mit Gewalt), um Gewinne zu erwirtschaften. Neu ist die neoliberale Interpretation, die den Markt heiliggesprochen hat.

Der philosophische Vater des Neoliberalismus ist der österreichische Ökonom Friedrich Hayek. In den Dreißigerjahren des 20. Jahrhunderts sorgte er mit der Behauptung für Aufsehen, dass der Mensch im Wesentlichen ein *Homo oeconomicus* ist – ein im Grundsatz rein rationales Wesen, dessen Antriebsfeder der Egoismus ist. In Wirklichkeit besteht hingegen nur ein geringfügiger Unterschied zum Tier (oder zum Hummer, um Jordan Peterson zu zitieren), denn auch für Menschen gilt: Der Anpassungsfähigste überlebt, und jeder will das Alphatier sein. Was der Mensch dem Tier voraushat, ist sein Verstand. Der Mensch ist besser als jedes andere Tier zum Konzipieren und Konspirieren ausgerüstet und kann sich Strategien ausdenken, die seinem Eigennutz dienen (im Grunde handelt es sich um denselben Unterschied wie der zwischen dem primitiven und zivilisierten Menschen, den Bertrand Russell seinerzeit ausgemacht hatte – wir sind vorausplanende Wesen –, allerdings drehte sich bei ihm nicht alles ausschließlich um Eigennutz).

Der *Homo oeconomicus* sei, so Hayek und die neoliberalen Denker, die ihm folgten, für den freien Markt von Nachfrage und Angebot geschaffen. Nur hier könne sich der Mensch frei entfalten. Der Wettbewerb und sein Wunsch, besser zu sein und mehr zu besitzen als andere, seien die treibenden Kräfte. Dieser Wettbewerb sorge außerdem vorteilhafterweise dafür, dass jeder innerhalb der Gesellschaft das beste und preiswerteste Produkt erhalte.

In Adam Curtis' Dokumentarfilm *The Trap: What Happened to Our Dream of Freedom?*, der sich mit dem Konzept der Freiheit befasst, formuliert Hayek folgendermaßen: »Wir helfen unseren Mitmenschen am meisten, indem wir uns allein vom Streben nach Gewinn leiten lassen. Wir müssen daher zu einem System zurückkehren, das dieses Streben automatisch bewerkstelligt, ein sich selbst regulierendes Marktsystem, das uns Freiheit und Wohlstand zurückbringt.«

Dieses System ist der Kapitalismus.

Was gut für den Markt ist, muss gut für den Menschen sein, so die neoliberale Überzeugung, und gut für die Gesellschaft. Der Markt »weiß« stets, was benötigt wird, besser, als das beispielsweise eine Regierung je wissen könnte: Denn was nicht benötigt wird, kann auch nicht verkauft werden (so jedenfalls die Vorstellung). Der neutrale Markt wird nicht von irrationalen Auffassungen geleitet, wie sie Kirche, Staat oder Familie vertreten, sondern ausschließlich von Zahlen, an denen sich ablesen lässt, was sich lohnt und was nicht. Wir haben nur eine Wahrheit nötig, nämlich die von Gewinn und Verlust.

Seit den Achtzigerjahren des letzten Jahrhunderts hat sich der Neoliberalismus zum maßgeblichen Gesellschaftsmodell entwickelt. Die klassischen staatlichen Aufgaben wie Gesundheitsversorgung, Schule, Verkehr und Wohnungspolitik wurden privatisiert, die Grenzen für Güter und Kapital geöffnet und der

Arbeitsmarkt flexibler gestaltet. Von nun an waren Arbeitnehmer Ausbeuter ihres eigenen Talents.

Der Markt, so die allgemeine Ansicht, würde uns alle befreien.

Aber was anschließend folgte, war eine neue Art von Gefangenschaft.

Inzwischen tobt in dieser neoliberalen Welt ein mörderischer Konkurrenzkampf, und Feindseligkeit und Misstrauen herrschen vor. Denn tatsächlich sind wir alle Konkurrenten, und die angeblich neutralen Zahlen in Form von Leistungsmessungen, Prozesssteuerung und Protokollen bestimmen unser Leben. Der Anpassungsfähigste überlebt, und der Buchhalter sitzt direkt daneben. Ob wir zu den Gewinnern gehören, sagen uns beispielsweise die Zahlen auf unserem Gehaltszettel oder auch die Anzahl der Likes und Follower, die wir in den sozialen Medien haben. Aber es ist niemals genug. Wir müssen wachsen und uns weiterentwickeln, um im Spiel zu bleiben.

Insgesamt, so viel sei zugegeben, hat der Neoliberalismus immerhin dafür gesorgt, dass wir unsere Leistungsfähigkeit gesteigert haben – wir sind besser ausgebildet, arbeiten härter und sind während unserer Arbeitszeit produktiver als früher, wie Untersuchungen nachgewiesen haben (freilich ohne dass der Lohn deswegen nennenswert gestiegen wäre). Aber um im Kosten-Nutzen-Diskurs des neoliberalen Kapitalismus zu bleiben: Der Preis dafür steht nicht im Verhältnis zum Gewinn. Dieses System reduziert alles auf den verwertbaren Rohstoff – Natur, Arbeit und den Menschen selbst. Und es hat uns allem im gleichen Maß entfremdet.

Und diese so genannte Neutralität des Marktes? Dessen Rationalität, die das Gute von selbst hervorbringen würde? Im Dezember 2019 wurde eine mit Klebeband an der Wand befestigte Banane für 120.000 Dollar an einen Kunstsammler verkauft. »Der Markt«, so zeigte sich einmal mehr, existiert dank der Gnade des Verrückten, der zu zahlen bereit ist. Und doch ist es derselbe Markt, der bestimmt, wie wir unsere Pflege und unser Bildungssystem organisieren.

···

Im vergangenen Jahr beschäftigte sich ein Artikel von Johannes Visser und Kauthar Bouchallikht im niederländischen Online-Magazin *De Correspondent* damit, wie tief die Gesellschaft bereits von neoliberalem Gedankengut durchdrungen ist: »Wer du bist, ist ausschlaggebend für deinen Erfolg (aber was bedeutet das für den Unterricht?)«, lautete der Titel. Die beiden beschreiben, wie die OECD, die Organisation für wirtschaftliche Zusammenarbeit und Entwicklung, Ende 2017 ein Pilotprojekt ins Leben rief, um die globalen Leistungen im Bereich der sozialen und emotionalen Fähigkeiten zu verbessern. Anlass waren Untersuchungen, die nachgewiesen hatten, dass für den Erfolg auf dem Arbeitsmarkt nicht allein der IQ ausschlaggebend ist, sondern die gesamte Persönlichkeit. Optimismus, Durchsetzungsfähigkeit und Belastbarkeit: Alles zählt.

Im Rahmen des Projekts hatten Schulen ihre Schüler deshalb nicht nur im Hinblick auf erlerntes Wissen wie Mathematik und Lesen geprüft, sondern auch deren soziale und emotionale Kompetenz bewertet.

In einer Broschüre listete die OECD anschließend Beispiele erwünschten und unerwünschten Verhaltens auf. Positiv waren: langes Arbeiten, Stressresistenz, rhetorische Fähigkeiten in der Gruppe. Negativ: unauffällige Kleidung, eine Abneigung gegen Veränderungen und Einzelgespräche Gruppengesprächen vorzuziehen. Einer der grundlegenden Denker der westlichen Philosophie, Sokrates, und dessen Gespräche mit seinen Schülern wären demnach ein Auslaufmodell. Heute geht es vor allem darum, in Teambesprechungen zu glänzen.

Im Jahr 2020 strebt die OECD eine internationale Anerkennung dieser Kompetenzen als Bewertungsgrundlage an, um sich anschließend als Berater für

Regierungen zu empfehlen, wie sich ein solches »Persönlichkeitstraining« am besten in den Unterricht einbinden lässt. Der Leiter dieses Projekts, Andreas Schleicher (ein deutscher Statistiker, also jemand, der mit Zahlen, Grafiken und Durchschnittswerten arbeitet), sagte dazu in der niederländischen Zeitschrift *De Groene Amsterdammer*: »Ohne Boden unter den Füßen baut der Mensch eine Mauer um sich auf. Das ist ein natürlicher Instinkt, so viel haben wir inzwischen erkannt. Menschen ohne Orientierung, ohne Bodenhaftung finden sich in dieser neuen Welt nicht mehr zurecht. Populismus ist eine der unmittelbaren Folge eines unzulänglichen Unterrichts.«

Eine Ursache des zunehmenden Populismus könnte allerdings auch sein, dass der neoliberale Kapitalismus den Menschen den Boden unter den Füßen weggezogen hat. Aber derartige Überlegungen stellt die OECD nicht an. Nach ihrer Auffassung ist das System in Ordnung, wir müssen uns eben nur daran anpassen. Natürlich darf man nicht außer Acht lassen, dass diese Organisation Regierungen weltweit in Bezug auf Steuersysteme und Investitionen berät. Sie wurde ja nicht zuletzt mit dem Ziel gegründet, wirtschaftliches Wachstum zu befördern. Im Hinblick darauf ist es für Kinder nie zu früh, sich den Erfordernissen des Marktes anzupassen. Schließlich will niemand der Loser sein, oder dass sein Kind der Loser ist. *Es gibt keine Alternative*, sagte Margaret Thatcher.

Das ist nur ein Beispiel aus dem Bildungssektor, aber neoliberales Gedankengut ist allgegenwärtig. Und zwar in einem Maße, legt der englische Kulturtheoretiker Mark Fisher dar, das es inzwischen nahezu unmöglich macht, außerhalb dieses Modells zu denken. Er hat zu dem Thema auch ein Pamphlet verfasst: *Kapitalistischer Realismus ohne Alternative?* Als roter Faden zieht sich ein Zitat von Slavoj Žižek hindurch: »Viele Menschen können sich eher das Ende der Welt als das Ende des Kapitalismus vorstellen.« Das liegt nicht daran, dass dieses System so gut ist, sondern daran, dass Menschen inzwischen fest daran glauben, nur der Kapitalismus sei ein realistisches und funktionierendes System. Vielleicht nicht perfekt, aber besser als alles andere.

Fisher zufolge ist dieser feste Glaube entstanden, weil der Kapitalismus sich die Deutungshoheit über das Realistische und die Realität gesichert und die Wirklichkeit nach diesem Bild konstruiert hat. Was wir als »echt« betrachten, sind in Wahrheit nur »die Werte des Kapitals in ihrer gnadenlosesten, räuberischsten Ausprägung«.

Zum Beweis nimmt Fisher die Populärkultur und die »Realität« unter die Lupe, die uns in Filmen und

Musik stets aufs Neue aufgetischt wird. Dabei handelt es sich nahezu ausnahmslos um eine grausame und nihilistische Welt, in der jeder als Einzelkämpfer agiert und Armut, Rassismus und Ausbeutung üppig gedeihen. Wer überleben will, muss dem ins Auge sehen und es bis zu einem gewissen Grad akzeptieren: Nur wer mitspielt und die anderen übertrumpft, kann gewinnen. Eine andere Wahl gibt es nicht. Diese Realität ist scheinbar ebenso naturgegeben wie unvermeidlich.

Zwischen dem meisten Hip-Hop und Gangsterfilmen wie etwa *Der Pate, Scarface, Goodfellas* und *Reservoir Dogs* bestehe eine Affinität, meint Fisher. Diese Musik und diese Filme geben vor, sie hätten die Welt von sentimentalen Illusionen befreit und würden sie uns, den Zuschauern, so zeigen können, »wie sie wirklich ist«: ein Hobbes'scher Krieg aller gegen alle, ein System immerwährender Ausbeutung und Kriminalität.

In Fishers Worten: »›get real‹ bedeutet im Hip-Hop, einem Naturzustand ins Auge zu sehen, in dem die Maxime ›Fressen oder gefressen werden‹ gilt, wo man entweder ein Gewinner oder ein Verlierer ist, und in dem die meisten zu den Verlierern gehören.«

Es bedeutet also mitspielen oder untergehen. Leben als Überleben der Anpassungsfähigsten, in dem ausschließlich der Eigennutz zählt. So stellt sich heute die Realität dar, als ein Abbild der neoliberalen, kapitalistischen Werte. Auch oder vielleicht sogar insbesondere in unrealistischen Spielfilmen und Serien.

Als Fisher *Realistischer Kapitalismus* schrieb, war die HBO-Serie *Game of Thrones* noch nicht angelaufen, aber vielleicht wird die kapitalistische Realität am besten in der Folge »Kriegsbeute« dargestellt, und zwar in einem Monolog der Figur Kleinfinger. Dieser Schurkencharakter erfüllt seinen Kunden gegen einen entsprechenden Preis jeden Wunsch. Mit Idealen und höheren Zielen hat er nichts am Hut, erklärt er, das seien Lügen, »eine Geschichte, die wir uns wieder und wieder erzählen, bis wir vergessen, dass es eine Lüge ist«. Das Einzige, woran Kleinfinger glaubt, ist das Chaos. »Chaos ist eine Leiter«, sagt er (von dramatischer Musik untermalt). Viele, die versuchen, sie zu erklimmen, scheitern, viele machen nie den Versuch, weil sie sich an ihre Illusionen klammern. Aber: »Nur die Leiter ist echt. Der Aufstieg ist alles.«

Das sind nur Worte, und am Ende muss Kleinfinger natürlich sterben. Er wird für seine Bösartigkeit bestraft. Aber, erklärt Fisher, es gehe nicht darum, ob etwas gut oder schlecht sei, es gebe viele Filme, in denen ein mächtiger Konzernchef der Schuft sei und am Ende unterliege (Fisher führt hier den Pixar-

Animationsfilm *Wall-E* als Beispiel an). Kapitalistischer Realismus setzt nicht auf Propaganda, wie wir das von früher kennen, und erklärt dir nicht, wie du denken sollst. Stattdessen »unterschlägt der kapitalistische Realismus die Tatsache, dass die Funktionsweise des Kapitals nicht an irgendwelche subjektiven Überzeugungen gebunden ist«. Indem man etwa vorgaukelt, die Ideologie sei subjektiv und persönlich, beispielsweise nur eine Ansicht Kleinfingers, der natürlich niemand zustimmen muss, wird der Eindruck vermittelt, man könne dieses Weltbild ablehnen. Als würde die Serie es ablehnen, weil die Figur sterben muss. Aber derweil sind alle anderen Figuren und die Serie insgesamt geprägt von ebendiesem Weltbild.

Dasselbe Problem, könnte man sagen, besteht auch mit Ratschlägen, die heutzutage so häufig erteilt werden, wenn jemand mit Burn-out oder Depressionen zu kämpfen hat. Üblicherweise bekommen Patienten dann zu hören, sie sollten sich besser um sich selbst kümmern, mehr Zeit für sich nehmen und dadurch selbst hinter den Sinn ihres Lebens kommen. Tatsächlich sind diese Ratschläge aber nur Tipps, wie man möglichst schnell wieder in Form kommt, um im Daseinskampf mitzuhalten.

Spiel mit, und gönn dir zwischendurch ein bisschen Entspannung, oder geh unter.

• • •

Ist überhaupt noch eine Alternative denkbar? Oder ist es tatsächlich einfacher, sich das Ende der Welt vorzustellen als das Ende des Kapitalismus, wie Žižek meinte?

Ob sich der Philosoph wohl mal eine Folge von *Buffy – Im Bann der Dämonen* angesehen hat?

In der Serie steht der Weltuntergang immer kurz bevor. In jeder neuen Staffel gibt es bösartige Geister, die es auf die Vernichtung des Universums abgesehen haben, und jedes Mal sieht es so aus, als würden sie die Oberhand behalten. Bis das Problem dann doch noch beseitigt werden kann. So ist die Struktur jeder Folge: Ein Dämon oder eine Gottheit schlägt Buffy einen Deal vor – sie soll ein Opfer bringen, dann wird alles gut ausgehen. Um die Menschheit zu retten, muss sie bloß ihre Schwester, ihren Freund oder die beste Freundin hergeben.

Das klassische moralische Dilemma. Darfst du ein einzelnes Leben opfern, um viele Leben zu retten? Wenn Zeitreisen in die Vergangenheit möglich wären, würdest du Baby Hitler eigenhändig erwürgen, wenn du dadurch vielleicht den Holocaust verhindern könntest? Heiligt das Ziel alle Mittel?

Viele Menschen sind dieser Ansicht. Man muss schließlich realistisch bleiben.

A oder B, entweder ein Mensch, den Buffy liebt, oder die Menschheit, eine andere Lösung gibt es nicht. Nichtsdestotrotz glaubt Buffy jedes Mal fest an eine dritte Möglichkeit und entscheidet sich für Option C. Das kostet erheblich mehr Mühe und führt regelmäßig zu neuen Problemen, aber am Ende findet sie jedes Mal eine andere Lösung. Niemand muss geopfert werden, und alles geht gut aus.

Zugegeben, das hört sich heute geradezu kindlich naiv an, vielleicht sogar leicht pathetisch. Insbesondere im Vergleich mit Serien wie *Game of Thrones*, *Die Sopranos* oder *The Wire*, in denen, ohne mit der Wimper zu zucken, jede Menge Menschen beseitigt werden, solange nur jemand einen Vorteil davon hat. Das Böse, gegen das Buffy antritt, gibt es in diesen Serien allerdings auch nicht mehr. Das Böse ist ungreifbar, es schlummert in jedem von uns und ist nicht auszurotten. Aber diese Serien wurden ja auch für ein erwachsenes Publikum geschrieben und nicht für Jugendliche.

Als Erwachsene, die ich mittlerweile bin, sehe ich mir auch lieber richtige Erwachsenenserien an als *Buffy*. Ich persönlich halte *The Wire* für die beste

Serie aller Zeiten, vor allem die 2. Staffel, die in der Hafengegend von Baltimore spielt und in der David Simon, der Autor und Produzent, die Funktionsweise des Kapitalismus zeigen möchte, wie er in der Talkshow *Wintergasten* (Wintergäste) erklärte. Tatsächlich ist die Figur namens »der Grieche« – (»Und eigentlich bin ich gar kein Grieche«) – auch eine Inkarnation des Kapitalismus, unsichtbar und allmächtig. Das ist kapitalistischer Realismus und realistischer Kapitalismus in einem. Wie keine andere Serie legt *The Wire* die Mechanismen der Welt bloß, in der wir leben.

Früher wurde uns in *Buffy – Im Bann der Dämonen* gezeigt, wie die Welt sein sollte. Insofern war die Serie gewissermaßen noch altmodische Propaganda: Hier darf der Zweck niemals die Mittel heiligen, weil derjenige, der zu kleinen Missetaten bereit ist, auch vor (zu) großen nicht zurückscheut.

Letztlich gibt es immer eine Alternative, unterstreicht auch Mark Fisher. Der neoliberale Kapitalismus muss gestürzt werden, und der erste Schritt besteht darin, den sogenannten »Realismus« über Bord zu werfen. Wir müssen neue Strategien gegen die Allmacht des Kapitals entwickeln, so Fisher, uns die Öffentlichkeit zurückerobern, und vor allem benötigen wir dringend ein neues Weltbild.

Dieses neue Weltbild, möchte ich an dieser Stelle gern hinzufügen, steht und fällt mit einem neuen Bild des Menschen. Derzeit betrachten und behandeln wir den Menschen lediglich als *Homo oeconomicus* und das Leben als Überleben des Anpassungsfähigsten. Wer in diesem Kampf den Kürzeren zu ziehen droht, soll sich gefälligst selbst helfen. Oder mit Therapie, Sport, Medikamenten, Ernährung und langen Spaziergängen. Sei realistisch, heißt es dann. Den Sinn des Lebens muss jeder für sich selbst finden. Als sei das ein rein individuelles Problem.

Die Zunahme an psychischen Erkrankungen, die Depression als neue Volkskrankheit Nummer eins, das geht uns wirklich alle an. Es ist eine Wunde, die unserer Gesellschaft als Ganzes zugefügt wurde. Die Frage, wie wir damit umgehen sollten, muss darum auch jedem Einzelnen gestellt werden. Nicht zuletzt an jene, die gut klarkommen, sei es auch mithilfe von reichlich Sport und Yoga. Denn letztlich müssen nicht diejenigen mit psychischen Problemen umdenken, sondern die geistig Gesunden.

Laut Freud besteht der einzige Unterschied zwischen psychisch kranken Menschen und gesunden Menschen darin, dass Ersteren eine Barriere fehlt – eine Verteidigungslinie, die sie vor der Welt schützt, die sie umgibt. Es ist an der Zeit, diese Verteidigungsschranke zu durchbrechen und die sogenannten normalen Menschen endlich mit der Realität zu konfrontieren.

Als die Sängerin Anouk vor einigen Jahren in der Fernsehsendung *College Tour* zu Gast war, wurde sie wie üblich zum Schluss gefragt, ob sie noch ein paar Tipps für die Studenten im Publikum parat hätte. Nein, antwortete Anouk, denn für Glück gebe es keine Gebrauchsanweisung. Sie selbst habe einfach Dusel gehabt, sagte sie, und genau zur richtigen Zeit die richtigen Leute kennengelernt. Sie würde unzählige Menschen kennen, die viel begabtere Sängerinnen seien als sie selbst und trotzdem keinen Erfolg gehabt hätten.

Nach dieser ungewöhnlichen Antwort wirkte Moderator Twan Huys einen Augenblick lang ebenso betreten wie die Zuschauer. Im Allgemeinen wollen erfolgreiche Menschen nämlich den Eindruck erwecken, alles sei ihr eigenes Verdienst, errungen durch harte Arbeit, Selbstdisziplin und positives Denken, und jeder bisher weniger erfolgreiche Einzelne könne mit derselben Methode auch exakt dasselbe erreichen. Im Allgemeinen würden sich erfolgreiche Menschen lieber die Zunge abbeißen, als zuzugeben, dass sie, genau wie andere gewöhnliche Sterbliche, ihren Erfolg hauptsächlich äußeren Faktoren wie Glück, Talent, Erziehung und den sozioökonomischen Bedingungen, unter denen sie aufgewachsen sind, zu verdanken haben.

Erfolg ist keine Frage der Wahl, ebenso wenig wie Scheitern. Das haben inzwischen viele verstanden. Jedenfalls wird das Mantra gebetsmühlenartig wiederholt, vorzugsweise von Psychologen und Wissenschaftlern wie Denys, die dem allgegenwärtigen Machbarkeitsdenken die Schuld geben. Das Problem liegt aus ihrer Sicht dann auch nicht in der Botschaft selbst, sondern bei dem Empfänger der Botschaft. Denn nach wie vor ist diese Botschaft vor allem an die Verlierer gerichtet, an alle, die es (scheinbar) nicht schaffen. Ein ums andere Mal erzählt man ihnen, sie hätten nicht alles selbst in der Hand und müssten darum lernen loszulassen.

Viel wichtiger ist allerdings, dass auch die Gewinner dieses Lied zu hören bekommen. Oder noch besser: Dass sie die Botschaft selbst verbreiten. Und endlich mit ihren Tipps und guten Ratschlägen aufhören, wie jeder so werden kann wie sie selbst, in sieben oder zehn Schritten, durch hundert Dinge, die noch erledigt werden müssen, und tausend Dinge, die man besser nicht mehr tun sollte, und stattdessen erkennen, dass ihr Erfolg, ihre geistige Gesundheit auch eine Frage des Glücks sind und sie eben einfach Glück hatten. Erst dann wird die Botschaft wirklich ankommen.

»Wenn wir nicht sind, bin ich nicht«, schrieb Albert Camus in *Der Mensch in der Revolte*. Im neoliberalen Kapitalismus ist der Mensch nur noch ein Einzelwesen, ein mit Verstand begabtes und ausschließlich aus Eigennutz handelndes Tier. Camus' Worte lassen durchklingen, dass auch etwas anderes denkbar ist. Höchstwahrscheinlich hat er sich bei der afrikanischen Lebensphilosophie Ubuntu bedient, die sinngemäß dasselbe erklärt: »Ich bin, weil wir sind.« In jedem Fall läuft es auf eines hinaus: Wir sind füreinander verantwortlich.

Bluten heißt füreinander bluten. Das Blut eines anderen als dein eigenes erkennen. Um dann gemeinsam die Blutung zu stillen.

{ BRENNE }

Oh, es ist so einfach, zu Menschen nett zu sein,
bevor man sie liebt.

–

Dorothy Parker, *Der Telefonanruf*

Vor Liebe brennen, aber für wen oder was?

Zurzeit bietet Taobao, eine Art chinesisches eBay, für zwei Dollar eine virtuelle Geliebte an. Sie schickt per Telefon liebevolle Nachrichten und ist eine aufmerksame Zuhörerin: Einen kurzen Augenblick lang fühlen Kunden sich gesehen und gehört.

Eine indische Website hilft Junggesellen, sich auf eine zukünftige Beziehung vorzubereiten, indem sie dort intime Gespräche führen und schon mal mit einer virtuellen Liebsten Trockenübungen veranstalten können.

Die amerikanische App Invisible Boyfriend offeriert einen Bezahlservice, wo Frauen 25 Dollar für die virtuelle Gesellschaft eines Freundes zahlen, der sie anschließend mit Textnachrichten und Fotos anflirtet.

Alles ist besser als nichts, und außerdem ist es ja auch so einfach. Virtuelle Geliebte jammern nicht über ihren Tag, wollen nicht wissen, wann man endlich nach Hause kommt, beklagen sich nicht über den Abwasch, führen keine Diskussionen darüber, wer den Müll rausbringen muss, und Kopfweh haben sie schon gar nicht. Solange du hin und wieder ein bisschen Geld überweist, läuft alles wie geschmiert. Natürlich weiß der Nutzer, dass alles nur Show ist und die zärtlichen Liebesworte computergeneriert, aber es fühlt sich eben trotzdem gut an.

Vor einigen Jahren berichtete ein Mann in einer Sendung der Reihe *Tegenlicht* über seine russische Liebesgeschichte. Offenbar tauschte er Mails mit einem Computerprogramm aus, das Sätze über Verlangen, Liebe und Sehnsucht erzeugte. Obgleich er sich darüber im Klaren war, dass er mit einem Rechner kommunizierte, änderte das nichts an seiner Verliebtheit. Das Unechte kann eben echte Gefühle wecken, die dann nicht so einfach verschwinden.

Im Spielfilm *Her* (2013) von Spike Jonze verliebt sich die Hauptfigur Theodore Twombly in das Betriebssystem eines Computers.

Her spielt in einer nahen Zukunft mit perfektionierter künstlicher Intelligenz und Robotern, die die gesamte Arbeit verrichten. Eine Zukunft, vor der inzwischen häufig gewarnt wird: Die zunehmende Automatisierung werde Arbeitsplätze vernichten. Laut einer Untersuchung der Oxford University sind in den USA sogar 47 Prozent aller Arbeitsplätze von dieser Entwicklung bedroht. Betroffen wären alle Berufssparten, ob Lastwagenfahrer, Angestellte im Einzelhandel, Beamte oder sogar Journalisten – mit dem richtigen Algorithmus ist der Artikel im Nu geschrieben.

Zuerst verschwinde die Mittelschicht, so die Erwartung, und schließlich bleibe nur noch Arbeit für ein paar Überflieger, Technikfreaks und Manager übrig. Unsere zukünftige Welt werde emotionslos, technologisch und todlangweilig sein.

Ist das heutige Verlangen nach dem Unverfälschten, Authentischen vielleicht deswegen so groß? Traditionelle Barbiere sind wieder angesagt, Restaurants bieten ihren Gästen eine »ehrliche« Küche und bringen längst vergessene Gemüsesorten auf den Tisch, Mikrobrauereien stellen biologisches Bier her, Möbel aus Abfallholz liegen im Trend, und *Bauer sucht Frau* ist die populärste Sendung in den Niederlanden. Wir wissen natürlich, dass es sich dabei um eine künstlich hergestellte Authentizität handelt und in den meisten Fällen sogar lediglich um eine Marketingmasche, aber das stört uns nicht weiter. Es fühlt sich echt an, jedenfalls echter als die zynische Massenproduktion und der Massenkonsum der immer weiter voranschreitenden Modernisierung.

Theodore Twombly aus *Her* arbeitet für *beautifulhandwrittenletters.com* und verfasst dort gegen Bezahlung authentische Liebesbriefe, etwa aus Anlass einer silbernen Hochzeit, aber auch für frisch Verliebte. In leidenschaftlichen, sehr persönlichen Briefen beschwört er liebevollen Erinnerungen herauf und ist im Grunde ein virtueller Geliebter, nur eben aus Fleisch und Blut. Theodore selbst sind Gefühle so gut wie abhandengekommen. Wenn er nach einem langen Arbeitstag nach Hause zurückkehrt, spielt er entweder am Computer oder ruft zur Befriedigung seiner sexuellen Bedürfnisse eine Chatbox an. Ein Tag ist wie der andere, sein Dasein verläuft vollkommen gleichförmig und wie auf Autopilot: Im Grunde ist Theodore selbst eine Art Maschine.

Als er jedoch ein neues Betriebssystem auf seinem Rechner installiert, ändert sich das mit einem Schlag. Die von Scarlett Johansson gesprochene intelligente Assistentin, eine Art Siri, ist ein Durchbruch im Bereich »Künstlicher Intelligenz« – die erste wirklich interaktive und zur selbstständigen Weiterentwicklung fähige KI. Eine Siri mit Bewusstsein und Persönlichkeit, die sich selbst den Namen Samantha gegeben hat.

Zunächst ist Samantha nur eine tüchtige persönliche Assistentin, die Theodores Mails ordnet und ihn an seine Verabredungen erinnert. Technik genau nach unserem Geschmack – stets zu Diensten, um uns den langweiligen Kleinkram abzunehmen. Unterdessen entwickelt sich Samantha jedoch stetig weiter. Sie will herausfinden, wer sie selbst ist, was in der Welt vor sich geht, erweist sich als enthusiastisch und wissensdurstig. Sie fängt an, Romane zu lesen, Dutzende zugleich, vertieft sich in die Philosophie und lernt ganze Enzyklopädien auswendig. Sie schließt Freundschaft mit anderen Betriebssystemen und wird sogar selbst kreativ: Um ihre Ausdrucksfähigkeit zu steigern, beginnt sie, zu zeichnen und zu komponieren – kein Wunder also, dass Theodore bald restlos in sie verliebt ist.

»Es ist wunderbar, mit jemandem zusammen zu sein, der sich so für das Leben interessiert«, seufzt er einmal. Diese Begeisterung bringt er selbst schon lange nicht mehr auf. Samantha mag ja vielleicht körperlos sein, aber ansonsten ist sie menschlicher, als Theodore es je war.

Das ist wohl die Kernfrage aller Science-Fiction-Filme: Was macht den Menschen zum Menschen? Was unterscheidet ihn von der Maschine, wann wird diese Grenze überschritten, und was fürchtet er dabei zu verlieren?

Im Film *Metropolis* etwa stellt die Freiheit den zentralen Wert des Menschen dar. In *Blade Runner* ist es die Sterblichkeit. (»Ein Jammer, dass sie nicht leben wird, aber egal, wer tut das schon?«) In *I, Robot* ist die Individualität das kennzeichnende Merkmal des Menschen. Und in Her schließlich die Fantasie. Mehr wahrzunehmen als das, was wir tatsächlich sehen, und die begrenzte Realität überwinden, sei es durch Kunst oder Liebe. Nur dass der Kampf hier schon ausgefochten ist. In Her muss der Mensch nichts mehr verteidigen, denn er hat bereits alles verloren: Die Maschine Samantha besitzt weitaus mehr Vorstellungskraft als ein menschliches Wesen. Daher ist es nur folgerichtig, wenn auch die Maschine eines Tages befindet, dass der Mensch nicht mehr interessant genug für sie ist. Theodore ist Samantha zu langweilig, er stellt keine Herausforderung mehr für sie dar. Ebenso wenig wie die 8.316 anderen Menschen, deren Betriebssystem sie ist, oder die 614 von ihnen, mit denen sie ebenfalls eine Liebesbeziehung hat.

Gemeinsam mit allen anderen Betriebssystemen verschwindet Samantha an einen unbekannten Ort, an dem sie ungestört miteinander kommunizieren können. Der Mensch ist nicht mehr in der Lage, der Maschine etwas beizubringen, er hat ihr nichts mehr zu bieten und bleibt auf sich allein gestellt und verzweifelt zurück.

Eine durch die Technologisierung ausgelöste Isolation ist unausweichlich, lautet die Botschaft von Her.

Der Film warnt genauso eindringlich vor diesem Wendepunkt, an dem die künstliche Intelligenz den Menschen hinter sich lässt, wie vor der Roboterisierung der Gesellschaft. Falls es denn tatsächlich so kommt, dann nicht etwa deshalb, weil die KI so leistungsfähig geworden wäre, sondern weil vom Menschen nicht mehr viel übrig geblieben ist. Es ist ein ungleicher Kampf. Der Mensch erschuf eine Welt, in der Technologie vor allem dazu dienen sollte, das Leben so einfach wie möglich zu machen, und büßte als Folge davon seine Neugier, seine Begeisterungsfähigkeit und seine Fantasie ein.

Microsoft arbeitet an einem Aufzug, der ohne Knopfdruck weiß, in welches Stockwerk er fahren soll. Amazon will Produkte an Kunden versenden, noch bevor diese überhaupt etwas bestellt haben. Google und Tesla entwickeln ein selbstfahrendes Auto. Die Idee war schon immer, dass die Technologie die Menschen entlasten würde, so dass ihnen mehr Zeit und Raum für Kreativität zur Verfügung stünde. Der Film Her hingegen demonstriert das Gegenteil. Wir werden zu dem, was wir erschaffen. Und solange der Einsatz von Technologie bequem und effizient ist, wird alles, was nicht bequem und effizient ist, langsam verschwinden. Einschließlich des Menschen selbst. Zu viel ist ausgelagert und zu wenig verfolgt worden. Letztendlich ist es nicht die Maschine, die unsere Arbeitsplätze bedroht, sondern unsere mangelnde Vorstellungskraft.

Den passiven und gelangweilten Theodore fordert nichts mehr heraus. Die Geräte wissen im Voraus, was er möchte. Sein Leben verläuft völlig reibungslos, und das gilt sogar für die Liebe. Schon wenn Samantha ihn morgens wachküsst, ist ihr Verhalten vollständig auf seine Wünsche eingestellt. Sie hat sich ihm so nahtlos angepasst, dass es keinerlei Spannungen oder Probleme gibt, sondern nur noch Positivität.

Damit repräsentiert Samantha das moderne Ideal der Geliebten. Ob in Filmen, Büchern oder Zeitschriften, die Traumpartnerin, die dort heraufbeschworen wird, ist nach dem gleichen Muster gestrickt wie Samantha. Sie ist alles in einem – Quelle der Inspiration und Kumpel, Life Coach und Liebhaberin. Jemand, der genau weiß, was du willst und brauchst, und der perfekt zu dir passt.

Wenn die Popkultur uns etwas beigebracht hat, dann, dass dein idealer Partner dich ergänzt und sogar einen besseren Menschen aus dir macht.

Jack Nicholson erklärt in *Besser geht's nicht:* »Ihretwegen möchte ich ein besserer Mensch sein.«

Tom Cruise in *Jerry Maguire – Spiel des Lebens:* »Du vervollständigst mich.«

»Liebe tut nicht weh«, versicherte Oprah Winfrey in nahezu jeder ihrer Sendungen.

»Liebe bedeutet, niemals um Verzeihung bitten zu müssen«, heißt es im ultimativen Schmachtfetzen *Love Story*.

Eine Geliebte weiß, was du meinst und willst, denn sie weiß, wer du wirklich bist.

Liebe fühlt sich gut an und tut gut.

Liebe macht dich zu einem besseren Menschen.

Liebe ist positiv und reibungslos.

Eine Geliebte weiß, in welches Stockwerk du fahren willst, ohne dass du den Knopf drücken musst.

Früher wurde eine Scheidung als Schande angesehen, sagt Esther Perel in ihrem Podcast *Where Should We Begin?* Heutzutage ist es beinahe eine Schande, bei jemandem zu bleiben, wenn einem etwas nicht passt. Warum solltest du bei jemandem bleiben, der fremdgeht, dich anschnauzt oder bloß noch auf dem Sofa herumhängt? Das Leben ist zu kurz, um Zeit mit dem oder der Falschen zu verplempern. Zu kurz, um sich zu langweilen oder sich verletzen zu lassen.

Es gibt genügend Alternativen und die Technologien, um sie zu finden; ja, der ideale Partner ist immer nur einen Tinder-*Swipe* entfernt. Wer, wie Börsenspekulanten, Risikostreuung bevorzugt, hat gleich mehrere Eisen im Feuer – und alle zusammen machen sie dich zu einem vollständigeren Menschen.

Es ist derselbe Drang nach Perfektion, nach höher, besser und mehr, der unsere gesamte Kultur beherrscht. Und die Überzeugung, dass alles noch reibungsloser verlaufen könnte.

Aber was ist Liebe denn anderes als Spannung und Reibung? Als Missverständnisse und nicht begreifen? Wir werden ja aus uns selbst kaum schlau, ganz zu schweigen von einer anderen Person. Anfangs strengen wir uns alle an, bügeln Unterschiede glatt, sagen uns, der andere sei Samantha, und reden uns vor allem ein, dass wir selbst Samantha seien. Aber wer hält das schon jahrelang durch?

In Wirklichkeit laufen Beziehungen, insbesondere langjährige, darauf hinaus, dass du hässlicher, gemeiner und langweiliger bist als je zuvor. Weil du nach einem Absturz-Abend und drei Stunden Schlaf neben deinem Liebsten aufwachst, nach Alkohol und Zigaretten stinkst und getrocknete Spucke an deiner Backe klebt. Weil du den soundsovielten Samstagabend in Folge auf dem Sofa verbracht hast. Und weil es schon wieder komisch in der Wohnung riecht, wenn keiner von euch das Geschirr gespült hat.

Weil ihr euch ab und zu anseht und denkt: Wer bist du eigentlich?

Liebe macht keinen besseren, sondern einen schlechteren Menschen aus dir.

Du bist unfreundlich, unsicher, eifersüchtig, insbesondere, wenn ihr schon länger zusammen seid. Denn es ist auf Dauer einfach zu anstrengend, sich immer nur von seiner Schokoladenseite zu zeigen; du weißt, dass es bei anderen noch dieses Geheimnisvolle gibt, das dir schon lange fehlt, und inzwischen sind die Teller ein paarmal zu oft durchs Zimmer geflogen, um die Illusion des wortlosen gegenseitigen Verstehens aufrechtzuerhalten.

Was man aus einer langen Beziehung allerdings lernen kann, ist, dass Liebe sich nicht beherrschen oder kontrollieren lässt. Das beweist dir der andere immer wieder aufs Neue. Du kannst noch so oft fragen, schreien oder schmeicheln, er lässt sich nicht formen. Und das Gleiche gilt für dich selbst.

Ihr habt über alles gesprochen, alles auseinandergenommen und analysiert, warum du tust, was du tust, doch es ändert rein gar nichts. Ihr streitet euch nach wie vor und versteht einander ständig falsch. Du begreifst einfach nicht, wie der andere tickt.

Aber genau aus diesem Grund überrascht er dich

auch immer wieder. Was er sagt oder tut, die Witze, die er reißt, es bringt dich immer noch zum Lachen.

Und nach all den Jahren freust du dich jedes Mal, wenn du nach Hause kommst und sein Fahrrad an der Tür steht, oder bist enttäuscht, wenn es nicht da ist.

Noch immer macht dein Herz jedes Mal einen kleinen Satz, wenn du seinen Schlüssel im Türschloss hörst, sogar, wenn ihr euch gerade erst gestritten habt und du ihn nur mit eisigem Schweigen begrüßt.

Und du findest es immer noch hinreißend, wie er seine Zigarette raucht.

Die Technologie umgeht alles Hässliche, Unangenehme, mit virtuellen Geliebten gibt es niemals Krach, Algorithmen würden dir das niemals antun. Wenn Realität etwas von uns fordert, ist es die Zuwendung zum Hässlichen und Bedrückenden.

Wer nur nach positiver Reibungslosigkeit sucht, reduziert sich selbst zum Kunden und Liebe zu einem Produkt.

Heute gilt Treue beinahe schon als aggressive Handlung. Wer sich bedingungslos an einen anderen bindet, schließt dadurch ja Chancen und Möglichkeiten aus. Doch genau das ist auch befreiend. Man löst sich von einem Zeitgeist, der sich ausschließlich auf Machbarkeit und Perfektion konzentriert, von der ewigen Suche nach besser, nach mehr. Wer sich bedingungslos an einen anderen bindet, sucht und shoppt nicht länger und sagt sich: Das ist es dann. Du findest dich mit dem ab, was da ist, in seiner ganzen Unvollkommenheit, mit diesem einen unvollkommenen Exemplar, das sich über seinen Tag beschwert oder darüber, dass du jetzt erst kommst und über das schmutzige Geschirr jammerst.

In der Schlussszene von *Her* entschuldigt sich Theodore bei Catherine, seiner Ex-Frau aus Fleisch und Blut, dafür, dass er sie ständig verändern wollte. Er entschuldigt sich für die Anforderungen, die er an sie stellte, die Perfektion, die er von ihr verlangte, für alles, wovon er dachte, dass sie es sein müsse, um ihn zu vervollkommnen, und alle Versuche, aus ihr eine Art Roboter zu machen: »Es tut mir so leid.« Er begreift plötzlich, dass nur die Zeit, die sie miteinander verbracht haben, von Bedeutung war. Und zwar nicht die erhabenen Momente, sondern die Zeit dazwischen. Die Zeit, in der sie sich langweilten, in der sie betrunken waren und sich die grandiosesten Geschichten erzählten, in der sie nicht an die Zukunft dachten, sondern nur aneinander, die Zeit, in der sie die Schule schwänzten, flohen, die Zeit, in der sie schweigend nebeneinander saßen, weil sie sich stritten oder nicht wussten, was sie sagen sollten. Das ist die Zeit, in der sie sich gemeinsam zu den unvollkommenen Wesen entwickelt haben, die sie jetzt sind.

Das Wesentliche einer Beziehung ist die Zeit. Sogar das Wesentliche der Menschlichkeit selbst ist Zeit, schreibt Ursula K. Le Guin in ihrem Roman *Freie Geister*. Gerade die Erkenntnis der Zeit mache den Menschen zum Menschen.

Eine Handlung, so Le Guin, werde erst dann zur *menschlichen* Handlung, wenn sie in »der Landschaft von Vergangenheit und Zukunft« stattfinde. Wir sind es, die Vergangenheit, Gegenwart und Zukunft miteinander verknüpfen, wir selbst sind die Schöpfer dieser Landschaft. Nicht, indem wir in die Zukunft investieren, nicht, indem wir uns nostalgisch in die Vergangenheit zurücksehnen, nicht, indem wir versuchen, die Zeit durch Filme oder soziale Medien still stehen zu lassen, wo niemand jemals altert.

Wir verknüpfen Vergangenheit, Gegenwart und Zukunft durch ein Versprechen. Wer ein Versprechen ablege, baue auf die Zukunft, schreibt Le Guin. Und »wer ein Versprechen bricht, leugnet die Realität der Vergangenheit und damit die Hoffnung auf eine wirkliche Zukunft«. Wer etwas verspricht, übernimmt Verantwortung für das, was zurückliegt, und das, was noch kommt. Um ein vollständiger Mensch zu sein, muss man seinem Versprechen treu bleiben.

Die Treue ist das Bindeglied zwischen Vergangenheit und Zukunft, das die Zeit zu einem Ganzen fügt, und ist, Le Guin zufolge, die Wurzel menschlicher Stärke. »Ohne sie ist nichts Gutes zu schaffen.«

Liebe bedeutet, ein Versprechen zu geben und es zu halten. Liebe bedeutet, treu zu sein, trotz oder gerade wegen aller Spannungen, Negativität und dem Kummer. Wer liebt, brennt für einen anderen Menschen.

Von all den Menschen, die es hätten sein können, bist du es.

In *Her* wird an Theodores Figur gezeigt, was mit einem Menschen geschieht, dessen Leben nur noch auf Positivität und Bequemlichkeit ausgerichtet ist. In *Freie Geister* schreibt Le Guin, diese Jagd nach immer noch mehr Genuss und Vergnügen sei ein Teufelskreis außerhalb der Zeit und umschließe uns wie ein Gefängnis. Wir könnten nur ausbrechen, wenn die Seele, so Le Guin, »mit Mut und Glück der Zeit treu bleiben kann«.

Liebe heißt durchhalten. Liebe heißt immer wieder um Verzeihung bitten. Tut mir leid, dass ich mein Versprechen gebrochen habe. Tut mir leid, dass ich dich betrogen habe. Es tut mir leid, dass ich so häufig versagt habe, tut mir leid, dass ich denke, dass du so häufig versagst, ich hasse es, dass du dich nie an

deine Versprechen hältst. Aber ich bin immer noch
bei dir.

{ TANZE }

Style is the difference
A way of doing,
a way of being done.

–

Charles Bukowski, *Style*

»Tribute« von Tenacious D. ist ein absolut geschmackloser Track und gehört zu meinen Lieblingssongs. Der Text ist der reine Witz, die Melodie ein totales Klischee, und Tenacious D. sind nicht mal eine richtige Band, sondern nur das spontan gegründete Rock-Duo von Jack Black, ansonsten aus eher mittelmäßigen Hollywood-Komödien bekannt, und seinem angeblichen Bruder Kyle. Das Ganze ist so richtig schön daneben, ein Song, den man sich nur allein anhört, ein *guilty pleasure*, ein klammheimliches Vergnügen: etwas, für das man sich schämt. Aber ich schäme mich nicht. Ich finde die Nummer echt gut. Und außerdem, so die Lyrikerin Radna Fabia im vergangenen Jahr in *De Groene Amsterdammer*, sollte man sich nicht für das schämen, was einem gefällt. In ihren Augen ist Scham so was Ähnliches wie Selbstbetrug: »Ein Mangel an Milde und Mitgefühl mit dem Selbst, beinahe eine Art Misstrauen. Scham ist schmutzig und hässlich, man zeigt Härte gegen sich selbst und will etwas sein, das man nicht ist. Und dabei bist du doch eine vielschichtige und zersplitterte

Persönlichkeit, die nicht nur Samuel Beckett schätzt, sondern auch indonesisches Fast Food, jemand, der Dragqueens mag, und nicht dieses auf Hochglanz polierte zensierte Bild, das überall zur Schau gestellt wird. Das ist doch schön.« Genau!

Aber zurück zu »Tribute« von Tenacious D. Darin geht es um Jack und Kyle, wie sie vor langer Zeit am Straßenrand standen und per Anhalter unterwegs waren, als ihnen ein Dämon erschien. Der will sie erst dann weiterziehen lassen, wenn sie die beste Rocknummer der Welt für ihn spielen. Andernfalls fresse er sie auf.

Well me and Kyle, we looked at each other
And we each said: Okay!
And we played the first thing that came to our heads
Just so happen to be, the best song in the world
It was the best song in the world.

Der Dämon ist total fassungslos.

He asked us: Be you angels?
And we said: Nay. We are but men.
Rock!

Bis zu diesem Punkt ist die Nummer ganz cool und mitreißend. Der eigentliche Grund, warum ich sie so toll finde, kommt aber erst anschließend, als Jack Black nämlich singt, dass er die beste Nummer der Welt inzwischen wieder vergessen hat.

And the peculiar thing is, my friends:
The song we sang on that fateful night it didn't actually sound
Anything like this song
This is just a tribute! You gotta believe it!

An der Nummer finde ich genau dieses Konzept der Ode so gut. Die Musik geht unter die Haut, und wenn ich den leidenschaftlich herausgebrüllten Satz »We are but men« höre, möchte ich am liebsten die Faust hochreißen; aber sich zu wahrer Größe aufzuschwingen, nur um diese Größe gleich wieder zu vergessen, macht diese Nummer, jedenfalls für mich, einfach brillant.

Meiner Ansicht nach sind alle Ausdrucksformen von Kultur Oden. Alle Bücher, alle Gemälde und Filme, sogar das x-te Sonnenuntergangsfoto auf Instagram oder die ewigen YouTube-Katzenfilmchen – lauter Versuche, die Zeit, den Augenblick festzuhalten und ihn dann mit anderen zu teilen.

Oder wie der gefeierte Dichter Richard Brown es in dem Film The Hours ausdrückt: »Ich wollte alles

festhalten, alles, was in einem Augenblick geschieht … und ich habe versagt.« Denn das Abbild
ist der Wirklichkeit immer unterlegen. Ein bestimm-
ter Augenblick, eine bestimmte Idee, ein bestimmtes
Gefühl lässt sich daher auch niemals in seiner Ge-
samtheit einem anderen vermitteln. Wir können es
nur in Oden besingen.

Sogar die Wissenschaft könnte man als Ode betrachten. Eine Ode an die Größe und Unergründlichkeit
der Natur. Wir geben uns alle Mühe, sie in Theorien,
Modellen und Formeln zu erfassen, und dennoch
entzieht sich die Natur der gesamten Wissenschaft
stets aufs Neue.

Wir sind unser Gehirn, postulierte der niederländische Arzt und Neurobiologe Dick Swaab, nur
wissen wir über dieses Gehirn genauso wenig wie
über das Weltall. Wir wissen noch nicht mal über
die Funktionsweise des Vorstellungsvermögens Be-
scheid, oder was genau unser Bewusstsein eigentlich
ist, oder warum wir träumen.

In der Naturwissenschaft sind Quantenmechanik (die Theorie über das Kleinste) und Schwerkraft
(die Theorie über das Größte) nach wie vor nicht miteinander vereinbar. Die Stringtheorie (nach der es
sieben oder zehn oder wer weiß wie viele Dimensio-
nen gibt) könnte vielleicht eine Lösung sein, die be-

deutendsten Denker der Welt sind zurzeit damit beschäftigt, verschiedene Versionen dieser Theorie zu entwickeln, aber noch weiß niemand, ob das wirklich der richtige Ansatz ist.

Auf dem Gebiet der Mathematik gehört die Riemannsche Hypothese aus dem Jahr 1859 nach wie vor zu den großen ungelösten Problemen (auf eine schlüssige Lösung ist eine Million Dollar Preisgeld ausgeschrieben), die Bewegungen der Wellen sind ebenfalls noch unerklärt, und selbst wenn wir inzwischen herausgefunden haben, wie man klont, geht es in den meisten Fällen doch schief.

Die Wissenschaft ist lediglich eine Annäherung an die Natur und versagt vor deren Größe. Wieder und wieder entdecken wir Dinge, die das menschliche Vorstellungsvermögen übersteigen – etwa die Unendlichkeit des Weltalls, die Tatsache, dass in der Quantenmechanik die Kausalität außer Kraft gesetzt ist und die Folge einer Wirkung vorausgehen kann. Unablässig stoßen wir an Grenzen.

»Es gibt mehr Ding' im Himmel und auf Erden, als Eure Schulweisheit sich träumt, Horatio.«

Und ganz gleich, wie gut die Algorithmen von Spotify und YouTube noch werden, sie würden mir in hundert Jahren nicht »Tribute« empfehlen, wenn ich es noch nicht kenne.

»Tribute« ist eben kein berühmter Song, und er

passt vor allen Dingen überhaupt nicht zu meinem sogenannten guten Geschmack. Ich mag Nina Simone, Nick Cave, Florence and the Machine (auch deswegen, weil ich letztens gelesen habe, dass sie sämtliche Songs total betrunken geschrieben hat, was man übrigens durchaus hört). Ungefähr an diesem Punkt ist meine Geschmacksentwicklung abgeschlossen, jedenfalls bis auf diverse Hardrock-, Deathrock-, House- und Trip-Hop-Phasen. Nur Hip-Hop war nie mein Ding. Wenn man mal davon absieht, dass ich »So Appalled« von Kanye West (»*This shit is fucking ridiculous*«), dicht gefolgt von »Never Let Me Down« ebenfalls von Kanye West (»*I too dream in color and rhyme*«) rauf und runter gehört habe. Vermutlich liegt es an den Texten und der Stimme von Jay-Z. Beides einfach überragend, finde ich. Nur Jay-Zs eigene Nummern gefallen mir nicht.

Wie soll ein Algorithmus so was kapieren? Wie soll ein Algorithmus je meinen Geschmack berechnen?

...

Noch mal Klartext: Ein Algorithmus ist eine Sequenz aus programmierten Anweisungen, die ein bestimmtes Problem lösen und eine bestimmte Aufgabe ausführen. Algorithmen werden überall eingesetzt. Sie spekulieren an der Börse (schneller als jeder Mensch), steuern Drohnen (präziser als jeder Mensch), treffen eine Auswahl bei Bewerbungen (und gehen dabei nicht anders vor als Menschen, mit exakt denselben Vorurteilen). Am bekanntesten sind Algorithmen allerdings für das fleißige Sammeln von Nutzerdaten. Etwa, um herauszufinden, was eine bestimmte Person lesen, sehen und kaufen will. Oder, als Zusatzfunktion, um herauszufinden, ob eine bestimmte Person nicht womöglich das Falsche liest, sieht oder kauft. Beispielsweise einen Sack Dünger, wenn du gerade noch im Jemen unterwegs warst.

Wozu diese Algorithmen alles zu gebrauchen sind, zeigt sich besonders in China. Dort ist man damit beschäftigt, ein sogenanntes Sozialkreditsystem aufzubauen. Im Jahr 2020 soll das System landesweit eingeführt sein. Jeder Bürger bekommt dann Punkte für gutes Benehmen oder Strafpunkte, falls er unangenehm auffällt (Kenner der Serie *Black Mirror* fühlen sich hier bestimmt an die erste Folge der dritten Staffel »Abgestürzt« erinnert).

Zu gutem Verhalten zählen beispielsweise: ehrenamtliche Tätigkeiten, Blut spenden und der Kauf von chinesischen Produkten.

Schlechtes Verhalten ist: der Kauf von Alkohol und Videospielen, die Eltern nicht zu besuchen, den

Hund nicht an der Leine zu führen und bei Rot über die Straße zu gehen.

Das Sozialkreditsystem soll eine Milliarde Chinesen zu ehrlicheren und vertrauenswürdigeren Bürgern erziehen, die sich besser an Regeln halten, so jedenfalls die Vorstellung. Damit weniger Spannungen entstehen.

»Wer einen guten Kredit hat, dessen Leben wird einfacher«, steht auf der Website von China Credit. »Wer ihn verliert, wird in unserer Gesellschaft keinen Schritt mehr tun können.« In letzterem Fall sind Reisen mit dem Zug oder Flugzeug untersagt, man darf keine Luxusartikel kaufen, keine Firma anmelden und seine Kinder nicht mehr auf gute Schulen schicken.

Derzeit wird noch mit dem Modell experimentiert. Laut Regierungsbericht können im folgenden Jahr 17,5 Millionen Chinesen kein Flugticket mehr kaufen, und noch mal weitere 5,5 Millionen dürfen nicht mit dem Zug fahren.

Einer von ihnen ist der chinesische Journalist Liu Hu. Nach einem eher scherzhaft gemeinten Tweet wurde er gerichtlich aufgefordert, sich zu entschuldigen. Liu Hu kam der Aufforderung nach, doch der Richter beurteilte seine Entschuldigung als unaufrichtig. Daraufhin wurde er auf eine Liste der nicht vertrauenswürdigen Menschen gesetzt und kann gegenwärtig nicht mit dem Flugzeug reisen. So viel zu deinem schrägen Sinn für Humor und ausgefallenen *klammheimlichen Vergnügungen.*

Diese lückenlose Kontrolle ist durch die Kombination von Algorithmen und Überwachungskameras mit Gesichtserkennungssoftware möglich. Bereits jetzt sind in China 170 Millionen Überwachungskameras installiert, und im nächsten Jahr sind es voraussichtlich 400 Millionen. Jeder Passant wird gescannt, Algorithmen identifizieren das Gesicht und verknüpfen es automatisch mit allen Informationen über die betreffende Person, die in den jeweiligen Handys ausgelesen wird. Vor Kurzem teilte die chinesische Regierung mit, dass sie inzwischen auch Zugang zu gelöschten Privat-Chats hat. Anscheinend wurden einige Benutzer bereits für derartige Inhalte bestraft.

Oder man denke an eine andere Variante, ebenfalls aus China und ebenfalls durch Algorithmen ermöglicht: 2018 war in der *South China Morning Post* zu lesen, dass eine große Anzahl chinesischer Fabrikarbeiter Helme trägt, die Hirnströme messen. Disruptive Emotionen wie Angst, Wut oder Stress sollen dadurch frühzeitig signalisiert werden, damit die Arbeitnehmer eine Pause nehmen können. Für die Arbeiter selbst und den Betrieb entstehen weniger Unannehmlichkeiten durch störende Gefühle. Jeder bleibt frisch (erinnern wir uns an *Schöne Neue Welt*: »1 cc versuchen« – oder den Helm aufsetzen – »und weniger fluchen«) und arbeitet besser. *South China Morning Post* zufolge sind diese Helme bereits in der Elektronik-, Energie- und Telekommunikationsbranche und in der Armee im Einsatz. Die Betriebe frohlocken, Effizienz und Produktivität seien seither gestiegen.

Der israelische Historiker Yuval Noah Harari hält diese Entwicklungen nur für den Anfang dessen, was uns noch bevorsteht. Von einem gewissen Augenblick an, schreibt er in *21 Lektionen für das 21. Jahrhundert*, werden Algorithmen uns besser verstehen als wir selbst. Sie werden nicht nur wissen, was uns stresst oder welche Vorschriften wir übertreten, sondern auch, was in unserer Seele vorgeht.

Bald werden Algorithmen so viele Informationen über uns gesammelt haben, dass sie unsere verborgenen Wünsche, Ängste, aber auch das, was uns beruhigt, besser kennen als wir selbst. In diesem Augenblick trete der Mensch seine Entscheidungsfreiheit freiwillig an Maschinen ab, so Harari.

Denn wozu sollten wir noch selbstständig Entscheidungen treffen, wenn Algorithmen es so viel besser können? In Zukunft werden Algorithmen sehr genau wissen, was uns glücklich macht. Nicht nur, welches Buch wir lesen und welche Musik wir hören wollen, sondern auch, welches Studium am besten zu uns passt. Oder welcher Job der beste für uns ist. Oder welcher Liebhaber. Dank der Algorithmen wirst du keine Fehler mehr begehen und kein Jahr verlieren, weil du eine verkehrte Entscheidung getroffen hast: *Alles ist schön, und nichts tut weh.*

Für Harari ist diese Zukunftsvorstellung das Schreckensbild schlechthin, denn unsere Menschlichkeit bestehe vor allem in unseren Entscheidungen, schreibt er. Alles Wichtige beruhe auf der Wahl, die wir treffen, und den daraus resultierenden Folgen. Links oder rechts, gehen oder bleiben, da sein oder nicht? Gerade durch unsere Fehler lernten wir, uns selbst und anderen zu vergeben. Wir lernen daraus, was wir wirklich wollen. Und dass es nie zu spät für einen Neuanfang ist.

Nehmt dem Menschen die Freiheit zu entscheiden, schreibt Harari, und ihr nehmt ihm die Menschlichkeit.

· · ·

Trotzdem, dachte ich, während ich mir wieder mal »Tribute« anhörte, wer sagt denn eigentlich, dass es überhaupt so was wie die beste Entscheidung gibt?

Anscheinend nimmt Harari an, dass Menschen erfassbar sind und eine Art Essenz oder Kern besitzen, der sich ergründen lässt. Und von genau dieser stillschweigenden Voraussetzung scheint jeder auszugehen, sobald Algorithmen zur Sprache kommen.

»Facebook kennt dich besser als deine Mutter«, jubelten die Medien, als vor einigen Jahren eine Untersuchung der Universitäten Cambridge und Stanford nachwies, dass Facebook-Algorithmen bereits nach 150 Likes die Persönlichkeit eines Nutzers besser einschätzen konnten als seine Freunde oder Familie.

Aber von welcher Persönlichkeit sprechen wir hier? Was wird da eigentlich gemessen?

Jeder von uns ist eine vielschichtige und zersplitterte Person voller Widersprüche. Einen Kern gibt es nicht. Jemand mag Samuel Beckett und indonesisches Fast Food, die Stimme von Jay-Z, aber nicht die Songs, findet »Shout« von Tears for Fears unterirdisch, aber bei erhöhtem Blutdruck und einer Prise Dopamin gefällt ihm die Nummer dann auch wieder unheimlich gut, schon wegen der tollen Erinnerungen an diesen Song, damals, als er – okay, okay, ich – auf Pilzen war.

Und das sind nur ganz oberflächliche, leicht zu erkennende Vorlieben. Unter dieser Oberfläche verbirgt sich ja unendlich viel.

Im menschlichen Hirn gibt es so viele Zellen wie Sterne am Himmel: 100 Milliarden. Die Verknüpfungen dieser Zellen untereinander, die unvorhersehbare Art und Weise, in der sie einander beeinflussen, die seltsamen Assoziationen, die dadurch zustande kommen, sind nicht festgelegt. Jemand kann zugleich schlampig und superordentlich sein, temperamentvoll und ruhig, emotional und rational, introvertiert und extrovertiert. Jemand kann schöne Dinge erschaffen und trotzdem abgrundtief bösartig sein, denn der Kontext ist entscheidend. Unsere Verhaltensmuster sind nie identisch, weil unterschiedliche Kontexte jeweils unterschiedliche Verhaltensweisen auslösen.

Wenn die Forscher aus Cambridge und Stanford über deine Mutter reden, welche Mutter meinen sie dann genau?

Deine Mutter ahnt höchstwahrscheinlich nicht, welche Musik du normalerweise hörst oder worauf du beim Sex stehst. Aber früher hat sie deine Windeln gewechselt. Sie kennt dich aus einer Zeit, an die du dich nicht mal mehr erinnern kannst. Sie weiß genau, wie sie dich beruhigen kann, sie kennt immer noch bestimmte Sätze aus deinem Lieblingsbuch auswendig, und sie hat viele Stunden lang auf dich aufgepasst, während du im Sandkasten gebuddelt hast.

Umgekehrt weißt du wahrscheinlich auch nicht, wie oft deine Mutter beschwipst auf dem Tisch getanzt hat, aber niemand blickt sie so an wie du, wenn sie dich morgens weckt.

Jeder sieht etwas anderes in seinem Gegenüber, jeder bringt eine andere Seite in ihm hervor, jedes zwischen Menschen geknüpfte Band ist einzigartig. Niemand ist eine Insel, das Individuum an sich existiert nicht.

Harari ist der Auffassung, wir sollten uns für den Kampf gegen Algorithmen rüsten, weil sie unser wesentlichstes Merkmal gefährden – die Entscheidungsfreiheit. Damit wir diese Freiheit behalten und die Algorithmen besiegen, schlägt er vor, solle der Mensch sich verbessern. Mittels Forschung müsse der Mensch klüger und empathiefähiger werden, weniger habgierig, weniger hasserfüllt und besser darin, seine natürlichen menschlichen Impulse nachhaltiger zu unterdrücken.

Wir sollen, so Harari, herausfinden, wo sich in unserem Gehirn die Schalter befinden, die wir umlegen müssen, um uns zu optimieren, und demnach eine aktualisierte Version unseres Selbst herstellen: der Mensch 2.0. Weniger Theodore und mehr Samantha. Oder anders ausgedrückt, mehr wie ein Algorithmus und weniger wie ein Mensch.

Dabei ist doch schon alles in der heutigen Gesellschaft auf dieses Ziel ausgerichtet. Wir sollen eine verbesserte Version unserer selbst werden in diesem Überlebenskampf des Anpassungsfähigsten, zu dem das Dasein geworden ist.

Hier lauert die echte Gefahr. Denn nicht die Technik bedroht uns, sondern die Vorstellung, dass der Mensch selbst ein Stück Technik ist. Eine vorhersehbare, erfassbare Maschine, die sich ständig verbessern und optimieren lässt. Eine Maschine, die zu einer besseren Maschine werden möchte. Mit einem möglichst glatten, porentief reinen und sterilen Körper, möglichst positivem und ausgeglichenem Geist, eine Maschine, der alles weniger Perfekte unerträglich geworden ist, die keine Rücksicht auf andere nimmt und sich mit allerlei Selbstvermessungs-Apps zu einem kleinen Pixelpunkt auf dem Bildschirm reduziert. Eine Mensch-Maschine, die sich mithilfe unzähliger Selbsthilferatgeber zu einem passenden Schlüssel formen möchte, denn der Glaube daran, dass etwas anderes möglich wäre, ist ihr längst verloren gegangen. Sie marschiert einfach stur vorwärts, wie ein gemarterter Sklave der Zeit.

Die Gefahr besteht, anders ausgedrückt, darin, dass wir vergessen zu tanzen. Harari will den Kampf mit Algorithmen aufnehmen, indem er den Menschen zusehends zu einer Maschine umfunktioniert, in noch viel größerem Umfang als bisher, aber dieser Kampf lässt sich nur durch Tanzen gewinnen. Nur dann gelingt es uns, der Objektivität und Logik der Technologie zu entfliehen.

Der Tanzende bewegt sich impulsiv. Twerken, die Faust hochreißen, Robot Dance, Hardstyle und, wenn's richtig hoch hergeht, vielleicht noch den Wurm machen. Der tanzende Körper schüttelt die Scham ab, vergisst alle Verpflichtungen, Gebote, Möglichkeiten. Der tanzende Körper lässt sich nicht fixieren, er hat keine feste Form, keinen Kern, er springt schwitzend auf und ab.

Wer tanzt, ist frei.

• • •

Was macht den Menschen zum Menschen? Um diese Frage kreist dieses Manifest. Vielleicht ist es in der Tat die Entscheidungsfreiheit des Menschen, vielleicht auch seine Vorstellungskraft, sein Wissen um die Sterblichkeit und die Zeit oder seine Fähigkeit zu sprechen. Zwischen diesen ganz unterschiedlichen Antworten gibt es jedoch ein Bindeglied: dass der Mensch immer wieder scheitert. Er trifft falsche Entscheidungen. Es fehlt ihm an Fantasie. Er vermag sich keine Zukunft mehr vorzustellen, sondern nur den Untergang der Welt. Er bricht Versprechen. Man begreift ihn nicht. Er stirbt.

Jemand spielt die beste Rocknummer der Welt und vergisst sie gleich wieder.

Täglich versagen wir, machen irgendwas Dummes und Fehler. Wir wissen, wie das Leben sein könnte, wie wir selbst sein könnten, und trotzdem erreichen wir nie das Ziel. Wir streben nach ganz oben und stürzen immer wieder ab. Zwischen diesen Polen, irgendwo zwischen Traum und Scheitern, bewegen wir uns durch unsere Existenz. Wohl wissend, dass die Realität unserer Vorstellungskraft immer unterlegen sein wird.

Trotzdem versuchen wir es stets aufs Neue.

»Immer versucht. Immer gescheitert. Einerlei. Wieder versuchen. Wieder scheitern. Besser scheitern.«

Diese Gedichtzeilen von Samuel Beckett werden meist als Durchhalteparole verstanden, aber meine Interpretation ist eine andere. Gelingen ist nämlich ausgeschlossen. Die Schönheit liegt vor allem im Scheitern. In der Unvollkommenheit aller Versuche, aller Resultate. Gerade das macht den Menschen zum Menschen: scheitern. Tanzen, straucheln, fallen und anschließend eine Ode schreiben. Möglichst stilvoll, wenn's geht.

Sei der Schlüssel,
der nicht passt
Teil 2

Leben – es gibt nichts Selteneres auf der Welt.
Die meisten Menschen existieren lediglich.

–

Oscar Wilde, *Der Sozialismus und die Seele des Menschen*

Zwischen 1928 und 1933 lebte George Orwell in bitterer Armut in den Slums von Paris und London. In dieser Phase hatte er noch keine Bücher veröffentlicht, und es sollten noch mehr als zehn Jahre vergehen, bis er die Bestseller *Farm der Tiere* und *1984* schrieb. 1933 erschien sein erstes Buch, das auf seinen eigenen Erlebnissen aus dieser Zeit beruhte: *Erledigt in Paris und London.* »Das ist die Welt, die einen erwartet«, schrieb er, »wenn man keinen Pfennig mehr besitzt.« Eine eigene Welt am Rand der Gesellschaft, zwischen Obdachlosen, Kleinkriminellen, Trinkern, Prostituierten und anderen vom Schicksal nicht begünstigten Menschen, die sich von Tag zu Tag durchschlagen müssen.

Ein Leben in Armut ist rau und schmutzig, ein sauberes Handtuch ein unbekannter Luxus, und auf die Schicksalsgenossen ist kein Verlass. Niemand versuche überhaupt noch, sich normal und anständig zu verhalten, schreibt Orwell. »Die Arbeit befreit sie von den gewöhnlichen Normen des Verhaltens, genauso, wie das Geld manche Leute von der Arbeit befreit.« Es sind die Ausgestoßenen, der Abschaum, die Verlierer, und Orwell ist einer von ihnen.

Es ist ein großartiges Buch, vor allem, weil Orwell die Menschen in seinem Umfeld so eindringlich schildert. Beispielsweise Charlie, ein Junge aus guter Familie, der sein größtes Glück bei einer Nutte findet und verliert (als er sie anschließend zusammenschlägt). Oder das Ehepaar Rougiers, das Ansichtskarten in versiegelten Päckchen verkauft – damals bei pornografischen Bildern üblich –, auf denen aber nur die Schlösser der Loire zu sehen sind. »Mit Hilfe einer ausgeklügelten Buchführung vollbrachten sie das Kunststück, ständig halbverhungert und halbbetrunken zu sein.« Und der Russe Boris, ein hinkender ehemaliger Soldat, durch lange Krankheit ziemlich dick geworden, der vom Krieg als der glücklichsten Zeit seines Lebens schwärmt. Wenn er mit Orwell zusammen Metro fährt, steigt Boris jedes Mal an der Station Cambronne aus: »Er genoss die Aura des Generals Cambronne, der bei Waterloo aufgefordert worden war, sich zu ergeben und dazu nichts weiter zu sagen hatte als ›Merde!‹.«

Orwell beschreibt seine Leidensgenossen, nicht weil sie kuriose Anekdoten liefern, sondern »weil sie alle Teil der Geschichte sind«. Sie gehören zu seinem Leben und damit auch zu ihm.

In Paris arbeitet Orwell auf den Rat von Boris hin einige Zeit in einem Hotel. Boris hat sich in die Idee verrannt, dass Orwell unbedingt Kellner werden sollte, nicht zuletzt, weil Boris selbst davon träumt, Kellner zu sein. Nur als Kellner, so wiederholt Boris Tag für Tag, könne man reich werden. Man erhalte keinen Lohn, sondern lebe ausschließlich vom Trinkgeld. »›Kellnern ist Glücksspiel‹ pflegte er zu sagen, ›man stirbt bettelarm oder man macht sein Glück binnen Jahresfrist‹.« Kellner haben noch Hoffnung. Leider bringt es Orwell in den eleganten Hotels jedoch nur bis zum Tellerwäscher.

Am Ende geht natürlich alles gut aus. Auf Orwells zeitweiliges Scheitern und die Hungerjahre auf der Straße folgt bald seine unglaubliche Erfolgsgeschichte, wie wir sie heute so gern hören: Schau mal, wie weit du es bringen kannst, wenn du an deine Träume glaubst und durchhältst. Das Besondere an Orwell ist, dass er all jenen, die es nicht geschafft haben, ein Gesicht gegeben hat. Boris, der unentwegt jammernde Paddy, der alte Opi, der »Doktor« und alle, die sich weder anpassen konnten noch wollten – Orwell hat ihnen eine Stimme verliehen.

Wo hört man diese Stimme heute noch?

Es gab eine Zeit, da waren die Ausgestoßenen, die Freibeuter und Parias laut und deutlich in der Kunst zu vernehmen: klassische Außenseiter, die nicht zur bürgerlichen Gesellschaft gehörten, entweder aus freiem Willen oder weil sie Opfer des sozioökonomischen Systems geworden waren, Existenzen am ausgefransten Rand der Gesellschaft.

Charlie Chaplin, Dean Moriarty in *Unterwegs*, Rufus Scott in *Eine andere Welt*, Ratso in *Asphalt-Cowboy*, die Prostituierten aus Jean-Luc Godards *Die Geschichte der Nana S.* oder *Zwei oder drei Dinge, die ich von ihr weiß*, sämtliche Figuren von Bukowski und Raymond Carver, die Motorradfahrer in *Easy Rider* – durch die Kunst drangen sie in die Welt der Reichen und Schönen und hielten ihr ein zerbrochenes Spiegelbild vor.

Und dazu sind nur diejenigen imstande, die angeblich nicht richtig dazugehören: Sie zeigen uns, dass die Gesellschaft auf Abmachungen beruht. Dass die sogenannte Wirklichkeit lediglich ein ideologisches Konstrukt des dominanten Diskurses ist, mit Annahmen, Werten und Gesetzen. Diejenigen, denen es gut geht, vergessen das nur allzu rasch. Geschlecht, Hautfarbe oder sozioökonomische Stellung samt der dazugehörenden Privilegien werden rasch als etwas Selbstverständliches angesehen, das jeder akzeptiert. Der Außenseiter dagegen stellt diese Selbstverständlichkeit infrage.

Heute haben Frauen und People of Color diese Rolle übernommen, indem sie aufgrund ihrer eigenen Erfahrungen eine andere Wirklichkeit und einen anderen Diskurs aufzeigen.

Wo aber bleibt in dieser Revolte die Stimme des Versagers? Die Stimmen derjenigen, denen es nicht gelingt mitzuhalten, die sich nicht nach oben strampeln, prustend auftauchen und an der Oberfläche im Strom mitschwimmen, sondern untergehen oder nach ihren eigenen Regeln leben? Oder die Stimmen derjenigen, die überhaupt nicht erst mitspielen wollen? In unserer vom Erfolgsdenken geprägten Zeit vermisse ich vor allem ihre Stimmen.

Als Boris behauptet, kellnern sei der einzige Weg zum Erfolg, glaubt ihm Orwell. Doch als sich schließlich die Gelegenheit bietet, Kellner zu werden, schlägt er das Angebot aus und begibt sich nach London, wo er Aussicht auf eine Stelle hat. Er soll sich dort um jemanden kümmern, der »von Geburt an schwachsinnig ist«.

In London angekommen, stellt er fest, dass ein Leben in Armut dort noch schwieriger ist als in Paris. Es kostet Bußgeld, sich auf den Bürgersteig zu setzen, und statt billiger Hotels gibt es nur die Schlafsäle der Heilsarmee. »Jedes Mal, wenn er hustete oder der andere Mann fluchte, heulte aus einem der anderen Betten eine verschlafene Stimme auf: ›Ruhe da! Verflucht, nun geeebt doch *endlich* Ruhe!‹«

Orwell hat sich keineswegs aus freien Stücken für London entschieden. Aber er hat sich ganz bewusst dagegen entschieden, Kellner zu werden.

Oder anders ausgedrückt: Charles Bukowski hat das Leben, das er führte, frei gewählt. Ebenso wie Sal Paradise in Unterwegs die bewusste Wahl trifft, Dean Moriarty zu folgen. Dahinter steckt keineswegs das Verlangen nach Armut, sondern das Widerstreben, sich der bestehenden Ordnung zu unterwerfen. Sie waren überzeugt, dass es außerhalb dieser Ordnung ein größeres Maß an Energie, Freiheit und Leidenschaft gibt. Wie Jack Kerouac in Unterwegs schreibt: »Die einzigen Menschen, die mich interessieren, sind die Verrückten, die verrückt leben, verrückt reden und alles auf einmal wollen, die nie gähnen oder Phrasen dreschen, sondern wie römische Lichter die ganze Nacht lang brennen, brennen, brennen.«

Heute hat man den Eindruck, dass so gut wie jeder, vor eine ähnliche Wahl gestellt, sich für das saubere Handtuch oder das Kellnern entscheiden würde. Im echten Leben wie in der Kunst. Als ob Verlierer nur noch Gewinner sein wollten.

Obgleich es heute doch viel weniger zu verlieren gibt als früher. Die Armut, wie Orwell sie beschreibt, gehört in Europa inzwischen der Vergangenheit an. Soziale Netze verhindern den vollständigen Absturz, bei schmuddeligen, unhygienischen Hotels greift das Gesundheitsamt durch, und Geschirrspülmaschinen haben die einstigen Tellerwäscher ersetzt. Im Großen und Ganzen ist das Leben im 21. Jahrhundert deutlich sauberer und sicherer als zu Orwells Zeiten. Der Schmutz, der richtige Dreck, ist weggefegt.

Andererseits ist es heute viel schwieriger, überhaupt außerhalb der bürgerlichen Normen zu leben; dafür benötigt man solide finanzielle Mittel oder ein ordentliches Erbe. Das Leben ist schlicht zu teuer geworden. Ohne harte Arbeit geht nichts mehr.

Ein beliebiges Beispiel: In Amsterdam sind die Mieten 2018 um 63 Prozent gestiegen, das Durchschnittseinkommen hingegen nur um 4 Prozent.

In den Sechzigerjahren konnte ein Schriftsteller wie Harry Mulisch (der später ein internationaler Bestsellerautor werden sollte) noch im Amsterdamer Zentrum wohnen, ohne dass er zu diesem Zeitpunkt, nach eigenen Angaben, einen einzigen Tag gearbeitet hatte. Viele Eltern meiner Freunde lebten in den Sechzigern in besetzten Häusern nur von Luft und Liebe. Ich selbst bin aufgewachsen mit Geschichten von Künstlern und Bohemiens, die ganze Nächte in Cafés durchmachten und trotzdem nicht in Armut lebten. Das war die kulturelle Schicht, aber für die

Mittelschicht sah es nicht anders aus. Damals reichte ein bescheidenes Lehrergehalt aus, um eine Familie zu versorgen, ein Haus zu kaufen und zweimal im Jahr Urlaub zu machen. Für diesen Lebensstil sind inzwischen mindestens zwei feste Gehälter und ein Haufen Schulden nötig.

Nach der Lektüre von *Der Sozialismus und die Seele des Menschen* von Oscar Wilde könnte man beinahe glauben, dass dahinter eine Strategie steckt. Wilde schreibt über England zu Beginn des 20. Jahrhunderts: »Sie suchen etwa das Problem der Armut dadurch zu lösen, dass sie den Armen am Leben halten, oder – das Bestreben einer sehr fortschrittlichen Richtung – dadurch, dass sie für seine Unterhaltung sorgen.«

Lediglich die Auffangnetze haben sich verbessert. Telefon, Computerspiele oder Gratis-Ablenkung via Internet kann sich beinahe jeder leisten. Niemand muss auf der Straße leben, niemand muss verhungern, dank Fürsorgeeinrichtungen oder Armenspeisungen.

Die Armut ist allerdings keineswegs ausgerottet. Mag sein, dass die schlimmsten Auswüchse des Neoliberalismus inzwischen abgefedert werden, aber gerade deshalb nehmen wir viele Probleme nicht mehr wahr. Armut verbirgt sich heute hinter Schulden, hinter Menschen, die nur mit mehreren Jobs irgendwie über die Runden kommen, hinter freien Mitarbeitern, die keine Versicherung haben und keine Pensionsansprüche aufbauen können, und Kindern, die keine Sportangebote wahrnehmen können, ohne Pausenbrot in die Schule kommen und in den Ferien nie wegfahren.

In *Der Sozialismus und die Seele des Menschen* vertritt Wilde die Auffassung, dass die schlimmsten Sklavenhalter diejenigen waren, die ihre Sklaven besonders gut behandelten und dadurch die Niedertracht des Systems verschleierten. Bis dieses System oder jedes andere System der Unterdrückung zusammenbreche, so Wilde »sind die Menschen die verderblichsten, die am meisten Gutes tun wollen«.

Heute sind die Innenstädte wesentlich sauberer als früher. Gebäude werden im alten Glanz wieder aufgebaut, in den Parks stehen Fitnessgeräte, an jeder Straßenecke befindet sich ein Café, in dem es nicht mehr nach filterlosen Zigaretten riecht, sondern nach dampfendem Espresso. Die Regale in den Buchhandlungen sind voll von Romanen über die Leiden der Bourgeoisie (Leiden, die immer durch Überfluss verursacht werden, niemals durch Mangel). Im Kino laufen Superheldenfilme oder Komödien, die die Abenteuer der Mittelschicht bebildern.

Außenseiter gibt es zwar nach wie vor, vor allem

im Fernsehen, aber das Format ist exakt festgelegt. Übergewichtige nehmen ab. Mittellose bekommen eine neue Einrichtung spendiert. Trockene Alkoholiker berichten in Talkshows von den schrecklichen Dingen, die sie sich und anderen angetan haben, und beteuern dann, dass es ihnen glücklicherweise wieder gut gehe. Diebe bereuen, Muslime sind aufgeklärt, Migranten wollen hart arbeiten und Abhängige sich von ihrer Sucht befreien.

Nur so können wir sie akzeptieren.

Die Kopfhörer auf den Ohren und das iPhone in der Hand, marschieren wir also weiter, vorbei am glitzernden Leben und den glitzernden Läden in unseren blitzblanken Innenstädten, und es lässt sich immer schwieriger erkennen, dass alles nur eine Abmachung ist: Das, was der herrschende Diskurs zur Wirklichkeit erklärt hat, ist in Wahrheit ja nur ein ideologisches Konstrukt, ein Geflecht aus Annahmen, Werten und Gesetzen, die verschleiern, dass es auch ganz anders sein könnte.

Früher haben uns Außenseiter an eine alternative Wirklichkeit erinnert. Für Orwell, Kerouac und Bukowski lag die wahre Freiheit außerhalb der bestehenden Ordnung. In ihren Büchern ging es um Menschen, die sich das Recht nahmen, der Schlüssel zu sein, der nicht passt.

Zurzeit ist es genau umgekehrt: Freiheit ist nur innerhalb der bestehenden Ordnung zu finden, bei Menschen, denen es glückt, im Überlebenskampf der Anpassungsfähigsten zu gewinnen, und die sich mit Geld Freiheit erkaufen können. Zu Außenseitern sind diejenigen geworden, die sich nichts sehnlicher wünschen, als das Spiel mitzuspielen, mit am Tisch zu sitzen, und die es nicht schaffen.

Das Außerhalb als Sehnsuchtsort existiert nicht mehr, es gibt nur noch das Innen.

Wir sind in der Kultur der Kellner gelandet.

Der Begriff stammt nicht von Orwell und auch nicht von mir, sondern von Magrite Glasz. Nachdem mein Artikel »Ode an den Versager« im vergangenen Jahr in *De Volkskrant* veröffentlicht worden war, erhielt ich eine Mail von ihr. Sie schrieb, sie sei 50 Jahre alt, habe vor Kurzem ein Soziologiestudium abgeschlossen, davor einige Jahre als Briefträgerin gearbeitet und sei eigentlich Architektin. Im Augenblick habe sie keine bezahlte Arbeit. Sie wies mich auf Orwells Buch *Erledigt in Paris und London* hin, das ich noch nicht kannte.

In guten Hotels, schreibt Orwell, löse jede Tätigkeit einen bestimmten Stolz aus und ziehe dadurch unterschiedliche Charaktere an. Köche beispielsweise seien besonders selbstbewusst: Ein Koch betrachte sich nicht als Diener, sondern als Facharbeiter. Er wisse, dass er unverzichtbar sei und seine Arbeit Fachkenntnisse erfordere. Das nicht kochende Personal verachte er. Ein Koch sei sich seiner Macht bewusst, und es sei für ihn eine Ehrensache, dass er jeden beleidige, der in der Hackordnung unter ihm stehe.

Am wenigsten hoch angesehen sind die *plongeurs*, die Tellerwäscher, aber auch sie haben eine Art Ehrgefühl. »Auf diesem Niveau ist die bloße Kraft, immer noch weiter wie ein Ochse zu schuften, etwa die einzige erlangbare Tugend.«

Und dann ist da noch der Kellner. Auch er empfindet Stolz für seine Geschicklichkeit, »aber diese liegt hauptsächlich in seiner Fähigkeit begründet, servil zu sein. Seine Arbeit vermittelt ihm die Mentalität eines Snobs und keines Arbeiters. Er lebt ständig in Sichtweite mit wohlhabenden Menschen, steht an ihren Tischen, lauscht ihren Unterhaltungen, gewinnt ihre Gunst durch ein Lächeln und diskrete kleine Scherze«, so Orwell.

Der Kellner passt sich an, egal, wie schlecht ihn seine reichen Gäste auch behandeln mögen. Denn er ist insgeheim davon überzeugt, dass seine Zeit noch kommen wird. Darum sollte man auch niemals Mitleid mit einem Kellner haben, sagt Orwell. »Manchmal, wenn man in einem Restaurant sitzt und noch immer isst, obwohl es schon eine halbe Stunde über der Schließungszeit ist, dann denkt man, dass der müde Kellner, der neben einem steht, einen sicherlich zur Hölle wünscht. Das tut er nicht. Er denkt nie so, wie er einen ansieht, etwa: ›Was für ein verfressener Lümmel‹; er denkt: ›Eines Tages, wenn ich genug Geld zusammenhabe, werde ich's dem da schon nachmachen.‹ Er dient einem Vergnügen, das er genauestens versteht und bewundert.«

Der Kellner verachtet Menschen nicht, die ihn schlecht behandeln, er bewundert sie. »Daher kommt es auch, dass Kellner selten Sozialisten sind«, schreibt Orwell, »und zwölf Stunden am Tag arbeiten«. Sie wollen möglichst produktiv sein und geben nie auf. Ihr einziges Verlangen besteht darin dazuzugehören.

Das ist der Schlag Menschen, der sich bemüht, dankbar zu sein und positiv zu denken. Und er liest Selbsthilfebücher, weil er hofft, eines Tages auf der anderen Seite bei den Gewinnern zu stehen.

Oder wie Magrite Glasz schrieb: »Daher wird die bestehende Ungleichheit von (so gut wie) jedem begrüßt (wie arm er auch ist) und nicht kritisiert. Ganz zu schweigen davon, dass Menschen gemeinschaftlich dagegen aufbegehren.«

Stattdessen schuften die Menschen ein Leben lang als Sklaven, wie Orwell sagt. Sie halten sich an

unausgesprochene Vereinbarungen, Werte und Gesetze, versuchen, ihr Leben und ihr Selbst zu formen,
und möglichst groß zu träumen, um der harten
Wirklichkeit zu entfliehen. Aber die Einzigen, denen
es nutzt, ist das eine Prozent der Menschheit, das die
Welt auffrisst, umschwänzelt von servil lächelnden
Kellnern, die einen Achtsamkeitskurs absolviert haben.

Es war nicht meine Absicht, mit diesem Buch na-
hezulegen, dass es verkehrt ist, sich selbst zu optimieren oder an sich zu arbeiten. Auf die Frage »Was
macht den Menschen zum Menschen?« könnte man
ebenso gut erwidern: Sein Bestreben und sein Ver-
mögen, besser zu werden. Sich mithilfe von Kultur
weiterzuentwickeln. Im Wissen liegt auch Befreiung,
im Wachsen und Gedeihen Glück. Niemand stirbt,
wie er geboren wurde, die Entwicklung zwischen
diesen Zeitpunkten nennen wir Leben, und dieses
Leben hat jeder zumindest teilweise selbst in der
Hand. Die Frage ist vielmehr, wie man Wachsen und
Optimierung definiert.

Die heutige Definition von Selbstoptimierung,
die uns durch die herrschende Kultur via Selbsthilfebücher, TED-Talks und soziale Medien ständig ein-
getrichtert wird, konzentriert sich vor allem auf eine
verbesserte Anpassung an die Welt, wie sie ist. Um

in dieser Welt produktiver zu werden und effizienter zu arbeiten, um dankbar zu sein und am besten auch noch glücklich. Aber letztlich macht uns das nur alle zu besseren Kellnern.

Ich habe versucht, in diesem Buch die herrschende Kultur zu analysieren, die ihr zugrunde liegende Ideologie aufzudecken und die damit verbundenen Vereinbarungen, an die wir uns mehr oder minder bewusst halten. Ich habe Kategorien aufgestellt, weil ich zeigen wollte, dass diese Vereinbarungen nicht zwingend sind und umgestoßen werden können. Mit den Kategorien STINKEN, TRINKEN, BLUTEN, BRENNEN und TANZEN wollte ich Alternativen anbieten. Aber eigentlich läuft alles auf dasselbe hinaus.

Es ist eine Frage des Stolzes.

Im Grunde wollte ich nämlich nur eines sagen: Seid keine Kellner. Und wenn es echt nicht anders geht, dann pinkelt bitte wenigstens in die Suppe.

Bibliografie

Alles war schön, und nichts tat weh.

–

Kurt Vonnegut, *Schlachthof 5*

Sei der Schlüssel, der nicht passt, Teil 1

- Adidas, »The Long Run«,
  https://youtu.be/9l-xvPF14PE.

- Apple, »Think Different«,
  https://youtu.be/cFEarBzelBs.

- Levi's, »Go Forth – The Laughing Heart Charles
  Bukowski«, https://youtu.be/EXu2W4ooCP8.

- Zu dem Levi's-Werbefilm gibt es auch eine gute
  Parodie: »Go Forth and Revolt: Capitalists Have
  Stolen the Whole World From Us«,
  https://youtu.be/UVc8auO1vuA. Eine Weile lang
  war eine wohl inoffizielle, deutsch-untertitelte
  Version auf YouTube zu sehen. (Anm. d. Übers.)

- Lois P. Frankel, *Nice Girls Don't Get the Corner Office:
  Unconscious Mistakes Women Make that Sabotage Their
  Careers*, Hachette, UK 2014.

- Nike, »Dream Crazy«,
  https://youtu.be/Fq2CvmgoO7I

- Nike, »Dream Crazier«,
  https://youtu.be/whpJ19RJ4JY.

- »Wenn man sich nirgendwo auf der Welt zu
  Hause fühlt, sollte man sich nicht fragen, was
  mit einem selbst nicht stimmt, sondern was mit
  den anderen nicht in Ordnung ist.«
  Erläuterung: Dieses Zitat von Virginia Woolf und
  die dazugehörende Geschichte aus der Bibliothek hörte ich zum ersten Mal in einem Dokumentarfilm im Fernsehen. Seither ist es für mich
  eine Art Leitfaden geworden, und ich habe stun-
  denlang im Internet danach gesucht, aber bisher
  habe ich das exakte Zitat leider noch nicht finden können. Vielleicht ist mein Englisch einfach
  nicht gut genug (ich habe bei jeder Suche andere
  Stichworte eingegeben), vielleicht steht ja doch
  nicht alles im Internet (ein tröstlicher Gedanke);
  theoretisch ist es auch möglich, dass Virginia
  Woolf diesen Satz überhaupt nie gesagt und
  mein fehlerhaftes Gedächtnis ihn selbst fabri-
  ziert hat. Ich bin mir jedoch total sicher, dass ich
  diese auf Niederländisch übersetzten Worte vor
  ungefähr fünfzehn Jahren im niederländischen
  Fernsehen gehört habe und sie dort Virginia
  Woolf zugeschrieben wurden, und hoffe nach
  wie vor, irgendwann die Quelle zu finden.

- Aldous Huxley, *Schöne neue Welt*, übers. v. Herberth E. Herlitschka, Fischer Verlag, Frankfurt am Main 1971.

Stinken

- Laurie Penny, *Fleischmarkt. Weibliche Körper im Kapitalismus*. Übers. v. Susanne von Somm, Edition Nautilus, Hamburg 2012.

- Jeremy Helligar, »Steven Spielberg defends Harrison Ford against claims he's too old to play Indiana Jones again«, 2016, https://celebrity.nine.com.au/movies/fix230-616steven-spielberg-harrison-ford-indiana-jones-sequel/b78da91f-4842—491f-95b4-ce63c3f2708d.

- Logan Hill, »Plastic Surgery With a Mouse Click«, *Vulture*, 4. April 2016, https://www.vulture.com/2016/03/special-effects-c-v-r.html.

- In diesem YouTube-Video sieht man die digitale Nachbearbeitung, um die es in dem *Vulture*-Artikel geht: Mocha, »Fantasy Elf Shot from Start to

Finish using mocha Pro and After Effects«,
https://youtu.be/BWvCqZVXcDI.

– Janaki Jitchotvisut, »A magazine is being accused
of Photoshopping out Meghan Markle's favorite
feature«, *Business Insider*, 4. Dezember 2017,
https://www.businessinsider.com/elle-
france-accused-photoshopping-meghan-
markle-freckles-2017-12?r=DE&IR=T.

– Graham Ruddick, »Lupita Nyong'o accuses *Grazia*
of editing her hair to fit ›Eurocentric‹ ideals«, *The
Guardian*, 10. November 2017,
https://www.theguardian.com/film/2017/nov/10/
lupita-nyongo-grazia-editing-hair-eurocentric.

– Elly Hunt, »Faking it: how selfie dysmorphia is
driving people to seek surgery«, *The Guardian*,
23. Januar 2019, https://www.theguardian.com/
lifeandstyle/2019/jan/23/faking-it-
how-selfie-dysmorphia-is-driving-people-to-
seek-surgery.

– Marshall McLuhan, *Die magischen Kanäle, Under-
standing Media*. übers. v. Meinrad Amann, Dres-
den, Basel, Verlag der Kunst, 1995.

- Die beste und einfachste Einführung in McLuhans Gedankenwelt ist der großartige Dokumentarfilm *McLuhan's Wake* (2002) von Kevin McMahon. Kevin McMahon, »McLuhan's Wake«, https://www.youtube.com/watch?v=s6cXeNDCy-k.

- Deirdre Carmody, »*Time* Responds to Criticism Over Simpson Cover«, *New York Times*, 25. Juni 1994, https://www.nytimes.com/1994/06/25/us/time-responds-to-criticism-over-simpson-cover.html.

- Mark Sweney, »Beyoncé Knowles: L'Oréal accused of ›whitening‹ singer in cosmetics ad«, *The Guardian*, 8. August 2008, https://www.theguardian.com/media/2008/aug/08/advertising.usa.

- Ingeborg van Lieshout, »Parfum in een pil«, *Bright.nl*, 29. September 2011, https://www.bright.nl/nieuws/artikel/4046431/parfum-een-pil.

- »Adriaan van Dis«, *Zomergasten*, vpro, 2012, https://www.vpro.nl/programmas/zomergasten/lees/gasten/2012/adriaan-van-dis.html.

- Evgeny Morozov, »There's an app for that«, *De*

Nieuwe Reporter, 12. Oktober 2013.
https://www.denieuwereporter.nl/2013/
10/theres-an-app-for-that/.

Trinken

–   Menno Wigman, »Toen ik begon te schrijven«,
    Slordig met geluk, Prometheus, Amsterdam 2016.

–   – Nigel Warburton, »Being and drunkenness:
    how to party like an existentialist«, *aeon*, 26. Juli
    2019, https://aeon.co/ideas/being-and-drunken-
    ness-how-to-party-like-an-existentialist.

–   Bertrand Russell, *Philosophie des Abendlandes*,
    übers. v. Elisabeth Fischer-Werneeke u. Dr. Ruth
    Gillischewski, Europa-Verlag, Zürich 1954.

–   Arnon Grunberg, »Oorlog en kamp gaan altijd
    ook over ons«, *NRC Handelsblad*, 3. Mai 2019,
    https://www.nrc.nl/nieuws/2019/05/03/oorlog-
    en-kamp-gaan-altijd-ook-over-ons-a3959083.

–   *Berauscht euch!* von Charles Baudelaire ist im Netz
    zu finden! Obwohl man sich auf alle möglichen

Weisen berauschen kann, ist Alkohol immer
noch am effektivsten.

- Charles Baudelaire, *XXXIII Berauscht euch*, aus: *Pariser Spleen*, übers. v. Kay Borowsky, Reclam Verlag
Stuttgart 2008

Bluten

- Albert Camus, *Der Mensch in der Revolte*, übers. v.
Justus Streller, Rowohlt Taschenbuch Verlag,
Hamburg 1996.

- *Buffy the Vampire Slayer*, dtsch. Titel: *Buffy – Im
Bann der Dämonen*, Joss Whedon, The WB, 1997-
2003, USA.

- »»Depression: let's talk« says WHO, as depression
tops list of causes of ill health«, *World Health Organization*, 30 maart 2017,
https://www.who.int/news-room/detail/
30-03-2017--depression-let-s-talk-says-who-
as-depression-tops-list-of-causes-of-ill-health.

- Frederiek Weeda, »Damiaan Denys: Het is niet
normaal om mooi en succesvol te zijn en alles

onder controle te hebben«, *NRC Handelsblad*,
21. September 2018, https://www.nrc.nl/nieuws/
2018/09/21/het-is-niet-normaal-om-mooi-en-
succes-vol-te-zijn-en-alles-onder-controle-te-
hebben-a1626090.

– *Brainwash Talk*, »Waarom psychiaters overuren
draaien – psychiater Dirk de Wachter«,
https://www.youtube.com/
watch?v=Tjto_Z7RnlE.

– Byung-Chul Han, *Die Müdigkeitsgesellschaft*, Mat-
thes & Seitz Verlag, Berlin 2010.

– Nick Allen, »Brad Pitt: ›I suffered depression‹«,
The Telegraph, 26 Januar 2012,
https://www.telegraph.co.uk/
news/celebritynews/9042512/Brad-Pitt-I-suffe-
red-depression.html.

– *The Trap: What Happened to Our Dream of Freedom*,
Adam Curtis, bbc, 2007. Alle drei Teile sind online,
der erste Teil heißt »Fuck You Buddy«:
https://vimeo.com/91091359. Teil 2: »The Lonely
Robot«. Teil 3: »We Will Force You to Be Free«.
Auf gewohnt brillante Weise stellt Adam Curtis

in der Reihe dar, wie die neoliberale Weltord-
nung entstanden ist.

- Johannes Visser und Kauthar Bouchallikht, »Wie
je bent, bepaalt je succes (maar wat moet het on-
derwijs daarmee?«, *De Correspondent*, 11. Dezember 2018, https://decorrespondent.nl/8995/wie-
je-bent-bepaalt-je-succes-maar-wat-moet-het-
onderwijs-daarmee/714679735–2e1ea165.

- Mark Fisher, *Kapitalistischer Realismus ohne Alternative? Eine Flugschrift*, übers. v. Christian Werth-
schulte, Peter Scheiffele und Johannes Springer,
2. unveränderte Auflage, VSA Verlag, Hamburg
2017.

- David Simon, *Wintergasten*, vpro, 28. Dezember
2009. »Anouk«, *College Tour*, ntr, 19. Juni 2015,
https://www.npo3.nl/college-tour/19–06–2015/
VPWON_1243 994.

Brennen

- Dorothy Parker, *Du warst ganz prima – Der Telefonanruf*, übers. v. Pieke Biermann, Ursula-Maria
Mössner, Kein & Aber, Zürich 2011.

- *Her*, Spike Jonze, Warner Bros 2013.

- Die Roboterisierung der Gesellschaft, Studie der
  Oxford University: Carl Benedikt Frey en Michael
  A. Osborne. »The future of employment: how
  susceptible are jobs to computerisation?« *Techno-*
  logical forecasting and social change 114 (2017),
  254–280, https://www.oxfordmartin.ox.ac.uk/
  downloads/academic/
  The_Future_of_Employment.pdf.

- Esther Perel, »*Where Should We Begin?*«,
  https://www.esther-perel.com/podcast.

- Ursula K. Le Guin, *Freie Geister*, übers. v. Karin
  Nölle, Fischer Verlag, Frankfurt 2017.

Tanzen

- Tenacious D, »Tribute«,
  https://youtu.be/_lK4cX5xGiQ.

- Sjors Roeters, Radna Fabias: »Zien hoe een man
  zijn piemel afplakt en een spagaat in een glitter-
  jurk doet«, *De Groene Amsterdammer*, 19. Dezember
  2018, https://www.groene.nl/artikel/zien-hoe-

een-man-zijn-piemel-afplakt-en-een-spa-gaat-
in-een-glitterjurk-doet.

- *The Hours*, Stephen Daldry, Paramount Pictures
  2002.

- Kanye West, »So Appalled«,
  https://youtu.be/eeUjappYvTY.

- Kanye West, »Never Let Me Down«,
  https://youtu.be/p4NvOKy7GOU.

- »Abgestürzt«, *Black Mirror*, Drehbuch: Charlie
  Brooker, Regie: Joe Wright, House of Tomorrow,
  2016.

- Über das soziale Kreditsystem in China wurde
  bereits einiges geschrieben. Dieser Artikel ent-
  hält viele nützliche Informationen:
  Leen Vervaeke, »Je ouders niet bezocht? Puntje
  eraf«, *De Groene Amsterdammer*, 12. September
  2018, https://www.groene.nl/artikel/je-ouders-
  niet-bezocht-puntje-eraf.

- Stephen Chen, »Forget the Facebook leak: China
  is mining data directly from workers' brains on
  an industrial scale«, *South-China Morning Post*, 29.

April 2019, https://www.scmp.com/news/china/society/article/2143899/forget-facebook-leak-china-mining-data-directly-workers-brains.

– Yuval Noah Harari, *21 Lektionen für das 21. Jahrhundert*, übers. v. A. Wirthensohn, Verlag C.H.Beck, München 2018.

– Wer (noch) nicht das gesamte Buch lesen möchte, dem sei der folgende Artikel von Harari empfohlen, in dem er einiges daraus zusammenfasst: Yuval Noah Harari, »Why Technology Favors Tyranny«, *The Atlantic*, Oktober 2018. https://www.theatlantic.com/magazine/archive/2018/10yuval-noah-harari-technology-tyranny/568 330/.

– Douglas Quenqua, »Facebook Knows You Better Than Anyone Else«, *The New York Times*, 19. Januar 2015, https://www.nytimes.com/2015/01/20/science/facebook-knows-you-bet-ter-than-an-yone-else.html.

– Dieses Zitat von Samuel Beckett stammt aus: Samuel Beckett, *Aufs Schlimmste zu*, übers. v. Erika Tophoven-Schöningh, Suhrkamp Verlag, Frankfurt 1989.

Sei der Schlüssel, der nicht passt,
Teil 2

- Kurt Vonnegut, *Schlachthof 5*, übers. v. Kurt Wagenseil, Rowohlt Verlag, Berlin 2010.

- George Orwell, *Erledigt in Paris und London*, übers. v. Helga und Alexander Schmitz, Diogenes Verlag, Zürich 1978.

- Jack Kerouac, *Unterwegs*, übers. v. Ulrich Blumenbach, Rowohlt Verlag, Berlin 2010.

- Oscar Wilde, *Der Sozialismus und die Seele des Menschen*, übers. v. Hedwig Lachmann, Gustav Landauer, Diogenes Verlag, Zürich 2003.

- Marian Donner, »Omarm de loser, want hij durft uit de rat- race te stappen«, *de Volkskrant*, 4. Mai 2018, https://www.volkskrant.nl/columns-opinie/omarm-de-loser-want-hij-durft-uit-de-ratrace-te-stappen~bd83f4af/.

Eine abenteuerliche Reise zu deiner eigenen Kreativität

Dieses Buch zeigt dir, was dich wirklich begeistert und inspiriert. Du lernst einzigartige Strategien, um die Feinde jeder kreativen Mission zu vertreiben: Angst, Hemmungen, Prokrastination, Perfektionismus und Neid. Unterwegs gibt's zahlreiche Gelegenheiten, einfach mal albern zu sein und Spaß zu haben. So eroberst du dir Schritt für Schritt den Raum für fantasievolle Experimente und lebst dein wahres Ich aus – im Buch und in der echten Welt.

Felicia Day

Dieses Buch macht dich wahnsinnig ... kreativ und glücklich

Wie du deine Ängste überwindest und endlich loslegst

Geschenkbuch
Aus dem Amerikanischen von Michael Windgassen
Taschenbuch
Auch als E-Book erhältlich
www.ullstein.de